KOMPAKTER REISEFÜHRER FÜR
EINE UNVERGESSLICHE REISE
IN DER GOLDENEN STADT

PRAG

hautnah erleben.

Die besten Sehenswürdigkeiten, Restaurants, Geheimtipps und Aktivitäten **voller Abenteuer und Entspannung**

INHALTSVERZEICHNIS

LEGENDE

ICONS

- Insidertipps
- Familientipps
- Restaurants
- Cafés
- Kulinarische Angebote
- vegetarisch
- vegan
- glutenfrei
- Entspannung
- teuer
- moderat
- günstig
- Museen
- Galerien
- Kulturelle Einrichtungen
- Historische Bauwerke
- Burgen
- Action & Abenteuer
- Freiluftoasen
- Parks
- Shopping
- Bars
- Clubs
- kinderfreundlich
- hundefreundlich
- Romantische Tipps

KARTENBEREICHE

- Kleinseite
- Insel Kampa
- Žižkov
- Gewässer
- Grünanlagen

QR-CODES

Du wirst in diesem Buch vermehrt auf QR-Codes stoßen. Dabei stellt sich Dir sicher die Frage, warum wir sie dort verwenden. Die Antwort ist simpel: QR-Codes ermöglichen es uns, wichtige Informationen wie Öffnungszeiten, Preise und andere Details stets auf dem neuesten Stand zu halten.

Anstatt diese Informationen direkt im Buch abzudrucken, setzen wir auf QR-Codes, um sicherzustellen, dass Du jederzeit Zugriff auf die aktuellsten Informationen hast. Egal, ob es um die Öffnungszeiten eines Restaurants, die Preise eines Produkts oder die neuesten Angebote geht - der QR-Code bietet eine einfache und praktische Lösung, um auf diese Informationen zuzugreifen.

Aber was genau ist eigentlich ein QR-Code und wie funktioniert das Ganze?

Der QR-Code ist ein Muster aus schwarz-weißen Quadraten, die von Smartphones oder Tablets mit einer Kamera erkannt werden können. Mit den QR-Codes kannst Du auf einfache Weise auf Websites, Angebote, Informationen und vieles mehr zugreifen.

Um die QR-Codes zu benutzen, musst Du zunächst die Kamera-App auf Deinem Smartphone oder Tablet öffnen. Dann musst Du die Kamera auf den QR-Code richten und ihn in das Sichtfeld Deiner Kamera bringen.

Sobald Du den QR-Code im Fokus hast, sollte Dein Gerät den Code automatisch erkennen und eine Benachrichtigung anzeigen. Tippe auf diese Benachrichtigung, um die Informationen oder die Website anzuzeigen, die mit dem QR-Code verknüpft sind.

Das ist alles, was Du wissen musst, um die QR-Codes zu benutzen.

Probiere es einfach aus und entdecke, was Du damit alles machen kannst!

1. EINFÜHRUNG

Prag gehört zu den schönsten Städten Europas. Sobald sich der Frühnebel über der Moldau auflöst und die Karlsbrücke im Sonnenlicht erstrahlt, verstehst Du, warum Prag auch die „Goldene Stadt" genannt wird. Einzigartig ist die Ansammlung architektonischer Wunderwerke, die nur darauf wartet, entdeckt zu werden. Lass Dich entführen in eine längst vergangene Zeit oder wandere auf den Spuren berühmter Persönlichkeiten. Bummel durch die urigen Gassen und lass Dich mitreißen von der Lebensfreude der Tschechen.

AUF DEN SPUREN BEKANNTER PERSÖNLICHKEITEN

Kaum eine andere europäische Stadt wird mit so vielen Persönlichkeiten in Verbindung gebracht wie Prag. Kaiser Karl IV. machte Prag zum Zentrum des Heiligen Römischen Reiches Deutscher Nation. Er ließ die berühmte Karlsbrücke und Teile der Neustadt bauen. Dort, wo sich früher Gaukler tummelten und wo einst der heilige Nepomuk in die Moldau geworfen wurde, drängeln sich heute Touristen aus aller Welt. Auch renommierte Wissenschaftler fanden immer wieder den Weg nach Prag. Wirf mal einen Blick hinauf zum Rathausturm. Die astronomische Uhr stammt von Johannes Schindel. Auch Johannes Kepler lehrte zwölf Jahre lang in Prag. Albert Einstein ging in der Stadt erstmalig der Relativitätstheorie auf den Grund. In der Hauptstadt suchten auch zahlreiche Autoren nach Inspiration. Allen voran Franz Kafka und Franz Werfel, dessen Werke Du in der altertümlichen Bibliothek des Klosters von Strahov bewundern kannst.

HISTORISCHE SCHAUPLÄTZE UND ARCHITEKTONISCHE MEISTERWERKE

Der Wenzelsplatz ist den Pragern genauso heilig wie der Namensgeber. Sie nennen ihn auch den Platz der Befindlichkeiten. Hier feierten die Tschechen 1918 die Gründung der Republik und jubelten 1989 Alexander Dubček zu. Bis heute kommen die Menschen auf dem Platz zusammen, um gegen Missstände in der Welt und gegen politische Entscheidungen zu demonstrieren. Überall in der Stadt werden historische Ereignisse lebendig. Hoch über Prag thront die Burg und zeugt noch immer von der langen Herrschaft über Böhmen. Zahlreiche Brücken führen über die Moldau. Allen voran die berühmte Karlsbrücke, deren Bau bereits 1357 begann. Prag ist ein historisches Freilichtmuseum, das durch sämtliche Epochen führt – angefangen 875 bei Borivoj dem I. Fürsten der Tschechen über den letzten Habsburger Kaiser 1918 bis zum Fall des Eisernen Vorhanges 1989.

Lass Dich von der Stadt an der Moldau verzaubern. Mach an einem sonnigen Tag einen Spaziergang hinauf auf die Burg. Du wirst schnell verstehen, warum die Stadt schon im Mittelalter Menschen aus der ganzen Welt magisch anzog.

2. BASICS

TAXI

Prag ist mit knapp 1,3 Millionen Einwohnern (Stand 2022) nicht nur die Hauptstadt, sondern auch die größte Stadt der Tschechischen Republik. Malerisch fließt die Moldau an den historischen und geschichtsträchtigen Gebäuden vorbei. Am Fuße der grünen Hügel liegen zahlreiche Denkmäler. Prags Geschichte geht bis ins 9. Jahrhundert zurück. Die historische Altstadt steht auf der Liste der UNESCO-Weltkulturerben. Ein Spaziergang durch Prag ist ein Ausflug in längst vergangene Epochen. Hier werden die Erinnerungen an berühmte Wissenschaftler, Künstler und Schriftsteller wieder lebendig. Zwischen den vielen Museen ragen Kirchen und Paläste empor. Kein Wunder, dass Prag auch den klangvollen Namen Stadt der hundert Türme trägt.

Auch musikalisch machte Prag immer wieder von sich reden. Getrieben von Inspiration schrieb Mozart hier die Oper Don Giovanni. Frank Zappa wurde einst von Vaclav Havel zum Sonderbotschafter für Kultur ernannt, obwohl seine Platten jahrelang auf dem Index standen. Die Musik begleitete die Prager durch die Revolution. Bis heute hat Prag eine besondere Beziehung zur Kunstszene. Keine andere Stadt hat so viele Galerien. Die tschechische Philharmonie und das tschechische Symphonieorchester laden das ganze Jahr über zu Konzerten ein. Theater und Opernhäuser locken mit einem bunten Programm.

Das Prager Nachtleben ist weltberühmt. Viele Nightlife-Spots sind über die Grenzen Tschechiens hinaus bekannt. Du kannst im Szeneclub abtanzen oder lass Dir ein zünftiges böhmisches Menü in einem urigen Restaurant servieren. Auch das Bierbrauen hat in Tschechien eine lange Tradition.

Der Reiseführer ist der ideale Begleiter, um Prag auf eigene Faust zu entdecken. Er führt Dich zu den bekannten Attraktionen und Sehenswürdigkeiten der Stadt. Die zahlreichen Insidertipps bringen Dich an weniger bekannte Orte. Du lernst auch das unbekannte Prag abseits der Touristenrouten kennen.

WETTER UND REISEZEIT

Prag ist zu jeder Jahreszeit eine Reise wert. Ab Mai beginnt in der Hauptstadt die Außensaison. Dann kannst Du Märkte besuchen, im Restaurant auf der Terrasse speisen und Dich an zahlreichen Open-Air-Veranstaltungen erfreuen. In den Sommermonaten sind auch Temperaturen über 30 °C keine Seltenheit. Mach es wie die Hauptstädter und nimm ein kühles Bad im Hostivař See oder im Schwimmbad von Divoká Šárka. Wer es nicht ganz so warm mag, aber bei relativ milden Temperaturen noch die Außenattraktionen nutzen will, der sollte im Herbst oder im Frühjahr nach Prag reisen. Obwohl in Prag während der Adventszeit der größte Weihnachtsmarkt des Landes stattfindet, kommen nur wenige Besucher. Schuld ist das nasskalte Wetter.

K Jezeru 74/1, 102 00 Praha 15 / Divoká Šárka 8/2, 164 00 Praha 6

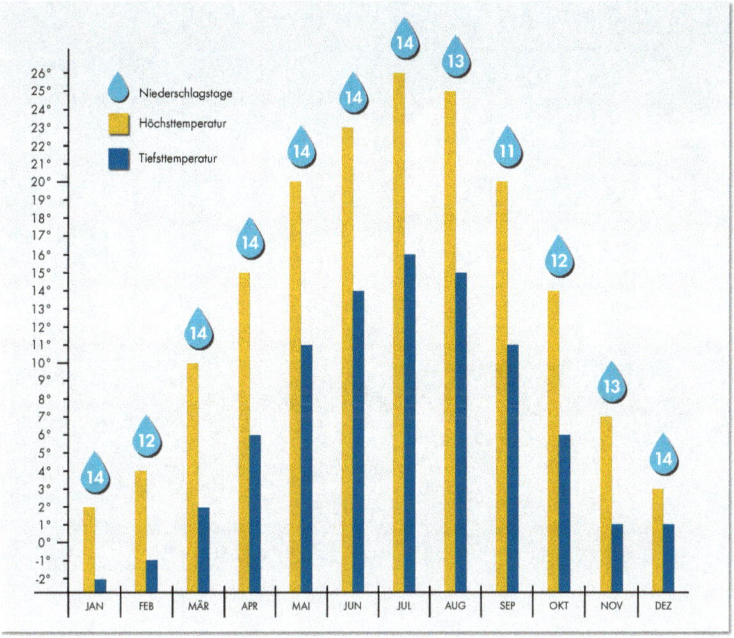

NOTRUF

Wie in allen anderen EU-Ländern gilt auch in Tschechien die von der EU-Kommission standardisierte Notrufnummer 112 für Feuerwehr, Polizei und Rettungsdienst. Die Nummer ist kostenlos. Alle Anrufer bekommen sofort Hilfe oder werden an die zuständige Institution weitergeleitet.

WÄHRUNG

Die offizielle Währung in Tschechien ist die Tschechische Krone (CZK). Geld kannst Du problemlos in Banken und Wechselstuben umtauschen oder alternativ an Geldautomaten (ATMs) abheben. Die Banken bieten den besten Kurs, haben aber keine einheitlichen Öffnungszeiten. Wechselstuben haben meist bis in den späten Abend hinein geöffnet. Aufgrund der hohen Gebühren und der schlechten Wechselkurse sollte man kein Geld am Flughafen tauschen.

SPRACHE

Die offizielle Landessprache ist Tschechisch. In den Hotels wird auch Englisch und vereinzelt Deutsch gesprochen.

ANREISE UND VERKEHR

FLUGZEUG

Der Václav-Havel-Flughafen in Prag (Aviatická, 161 00 Praha 6) ist international von Bedeutung und der wichtigste Flughafen des Landes. Das Stadtzentrum liegt knapp 15 Kilometer vom Václav-Havel-Flughafen entfernt. Eine Taxifahrt ins Zentrum kostet bei einer Vorabbuchung ca. 30 €. Du kannst aber auch problemlos mit dem Bus (Linie 100, 119, 191) oder mit dem Nachtbus (Linie 910) zu verschiedenen Metrostationen oder direkt ins Zentrum fahren.

TAXI / UBER

Lizenzierte Taxen und Uber-Taxen sind beliebte Transportmittel, um sich innerhalb der Stadt fortzubewegen. In der Regel wird vor Fahrtbeginn eine Grundgebühr zuzüglich der gefahrenen Kilometer berechnet. Es gibt leider viele schwarze Schafe unter den Taxifahrern. Daher solltest Du ein Taxi immer nur über eine App bestellen und bezahlen. Meide die Taxen an touristischen Orten. Da Taximeter oft gefälscht sind und die Fahrer absichtlich Umwege fahren, solltest Du die Fahrt via Google Maps verfolgen.

BUSSE UND BAHNEN

Die infrastrukturellen Voraussetzungen in Prag sind ausgezeichnet. Das gesamte Stadtgebiet und die Vororte sind mit dem Bus oder mit S- und U-Bahnen zu erreichen. Es gibt günstige Tickets wie das 24-Stunden-Ticket, mit dem Du uneingeschränkt alle Busse und Bahnen nutzen kannst. Mit der Prag Cool Card und dem Prag Visitor Pass kannst Du zusätzlich viele Attraktionen kostenlos besuchen.

AUTO

Autofahren in Prag ist kein Vergnügen. Die Stadt ist chronisch verstopft und die Parkplätze sind rar. Es ist ratsam, das eigene Auto am Hotel abzustellen und auf den öffentlichen Personennahverkehr umzusteigen. Auch die Nutzung der zahlreichen P&R-Plätze ist empfehlenswert. Wer auf das Auto nicht verzichten will, sollte die blauen Parkzonen meiden und ein GPS-Gerät nutzen.

TRINKGELD

In Restaurants wird üblicherweise ein Trinkgeld zwischen 5 und 10 % des Gesamtbetrags erwartet. Vorausgesetzt natürlich, dass man mit dem Service zufrieden ist. Der Hinweis „Service is not included" am unteren Rand der Rechnung zeigt an, dass kein Trinkgeld im Gesamtbetrag enthalten ist. Du kannst die Rechnung aufstocken oder das Trinkgeld einfach auf den Tisch legen.

3. INSIDER-TIPPS

BESUCH DER DAVID ČERNÝ-SKULPTUREN

Die Skulpturen von David Černý erregen Aufmerksamkeit. Provozierend, unverschämt und amüsant zeigen sich die zeitgenössischen Kunstwerke in der ganzen Stadt. Zu den Ausstellungsstücken gehören Flugzeugmotoren in Form von menschlichen Wesen, eine eigenwillige Skulptur des heiligen Wenzels auf einem toten Pferd und ein Fötus, der sich durch eine Dachrinne quält. Der Künstler geriet zum ersten Mal in die Schlagzeilen, als er 1991 einen russischen Gedenkpanzer rosa lackierte und einen ausgestreckten Mittelfinger darauf positionierte. Pro Tag kann man mit der Nutzung von Bussen und Bahnen 10–15 Skulpturen besuchen.

BESUCH DER ALTERNATIVEN STADTTEILE

Die meisten Besucher strömen ins Zentrum der Hauptstadt. Wer das wahre Prag erleben möchte, der sollte einen Abstecher in die Vororte machen. Gleich hinter der Karlsbrücke beginnt die „Kleinseite". Hier warten malerische Gassen und freundliche und bodenständige Menschen. Auf dem Teufelsbach ziehen majestätische Schwäne ihre Runden und in den Weinstuben diskutieren Künstler über die Weltpolitik. Lohnenswert ist auch ein Ausflug nach Žižkov. In der Heimat linksorientierter Studenten und Künstler ist die Zeit stehen geblieben. Du fühlst Dich in einen Roman von Kafka versetzt. Am Fuße des Fernsehturmes trinkt man schon mittags Bier und lauscht den Rhythmen der Straßenmusikanten. Die Prager nennen Žižkov auch die rebellische Republik. Das krasse Gegenteil dazu ist Vinohrady. Hier locken gepflegte Grünanlagen, exklusive Restaurants und wunderschöne Kirchen.

BESUCH DES VYŠEHRAD-FRIEDHOFS

Übergroße Büsten, Skulpturen aus allen Materialien, stufenartige Steinplatten und schmiedeeiserne Kreuze schmücken die Gräber auf dem prunkvollen Vyšehrad-Friedhof. Er liegt unmittelbar an der Basilika St. Peter und Paul und wurde erstmalig im Mittelalter erwähnt. Hier fanden im Laufe der Zeit über 600 tschechische Berühmtheiten ihre letzte Ruhe. Darunter die Komponisten Antonín Dvořák und Bedřich Smetana, der Schriftsteller Jan Neruda und die Politikerin Milada Horáková. Auch der tschechische Nobelpreisträger und Chemiker Jaroslav Heyrovský wurde hier beerdigt. Besucher verlieren auf dem großflächigen Friedhofsgelände schnell die Orientierung. Daher solltest Du vorab online eine Führung buchen. Die Führung beinhaltet auch einen Besuch der Basilika.

K Rotundě, Vyšehrad, 128 00 Praha 2

ALTERNATIVER STADT-RUNDGANG

Prag hat viele versteckte Ecken, die Du besichtigen musst. Du kannst einfach draufloslaufen und Dich von der pulsierenden Atmosphäre treiben lassen. Auf der Webseite GPSMyCity findest Du eine kleine Auswahl an Routen und kannst Dir einen eigenen Rundgang erstellen. Geschichtsträchtig ist ein Spaziergang rund um den Altstädter Ring in Richtung der Moldau. Hier erzählt jeder Stein eine eigene Geschichte von den umkämpften Ritterturnieren und den blutigen Hinrichtungen im Mittelalter. Auf einer Wanderung von der Karlsbrücke zur Burg begleitet Dich eine traumhafte Aussicht. Wunderschöne Gärten und Jugendstil-Architektur prägen die Wege vom Wenzelsplatz zum Denkmal der Samtenen Revolution.

BESUCH DER JOHN-LENNON-WALL

Die John-Lennon-Wall ist einer der Orte in Prag, die sich ständig verändern. Graffiti ist hier ausdrücklich erwünscht. Jeder kann ein Statement an der Wand des Friedens und der Freiheit hinterlassen. Längst hat sich dieses Street-Art-Denkmal zu einem instagrammablen Fotohotspot entwickelt. Die Prager versammelten sich erstmals 1980 am Todestag von Lennon an der Mauer. An manchen Tagen kannst Du hier Musiker antreffen und Liedern der Beatles lauschen. Was heute selbstverständlich ist, war während des Kalten Krieges strikt verboten. Wer früher Beatles-Lieder öffentlich sang, wurde inhaftiert.

Velkopřevorské nám., 110 00 Malá Strana

BESUCH EINES JAZZ-CLUBS

Jazz in Prag ist so traditionell wie tschechisches Bier. Die Prager Jazz-Musik ließ einst sogar Louis Armstrong begeistert zurück. Sobald es dunkel wird, füllen sich die Jazz-Clubs der Stadt. Auch am Ufer der Moldau hört man klangvolle Saxofon-Töne. Zu den bekanntesten Jazz-Adressen der Hauptstadt gehört der Reduta-Club. Im ältesten Jazz-Club Europas hat schon so manche Weltkarriere ihren Anfang genommen. Wesentlich familiärer geht es im AghaRTA-Jazz-Club zu, der in einem gotischen Gewölbe liegt. Er punktet mit einem erstklassigen Musikprogramm und günstigen Getränkepreisen. Ausländische Jazz-Musiker spielen regelmäßig im Jazz Dock. Der Club liegt direkt am Ufer der Moldau. Während der Konzerte werden ausgezeichnete Speisen serviert. Die riesigen Panoramafenster bieten einen traumhaften Blick auf die Stadt.

Národní 116, 110 00 Nové Město / Železná 16, 100 00 Staré Město/Janáčkovo nábř. 3249/2, 150 00 Praha 5-Smíchov

BESUCH DES BUNKERS ŽIŽKOV

Der Bunker Žižkov spiegelt die dunkle Seite der Prager Geschichte wider. Er wurde in den 1950er-Jahren gebaut und sollte die Bürger vor einem möglichen Atomangriff schützen. Der Eingang liegt hinter einer dicken Stahltüre. Ein Führer bringt Dich über eine Wendeltreppe 16 Meter hinab unter die Erde. Unten angekommen warten bei mystischer Atmosphäre zahlreiche Erinnerungsstücke aus der kommunistischen Zeit auf Dich. Zu sehen sind auch alte Gasmasken und Schutzanzüge. Wem das alles noch nicht reicht an Dark-Tourismus, der kann auch an einem „Real Life Escape Game" im Bunker teilnehmen. Nur wer die Rätsel lösen kann, kommt aus dem Bunker heraus. Für alle Programme ist zuvor eine Buchung erforderlich.

Žižkov, 130 00 Prag 3 | Buchung ab 2 Personen

BESUCH DES RETRO-MUSEUMS

Du wolltest schon immer wissen, wie die Menschen hinter dem Eisernen Vorhang gelebt haben? Dann ist das Retro-Museum der perfekte Ort für Dich. Hier erfährst Du alles über den Prager Alltag in den 1970er- und 1980er Jahren. Auf über 2.000 Quadratmetern sind zahlreiche Exponate und Gebrauchsgegenstände ausgestellt. Du kannst auf der alten Couch im Wohnzimmer Platz nehmen, Tonbandgeräte abspielen oder Dir nostalgische Fernsehsendungen anschauen.

Náměstí Republiky 8, 110 00 Staré Město

GEFÜHRTE TOUR ZU HISTORISCHEN PUBS IN PRAG

Die Nächte in Prag sind lang. Das pulsierende Nachtleben kann berauschend sein. Am besten lässt Du es langsam angehen bei einer geführten Tour durch die historischen Pubs. Mit Gleichgesinnten ziehst Du durch die besten Kneipen der Stadt und erfährst alles über die tschechische Biertradition. Der Führer kann so manche Anekdote über Prominente erzählen, die nicht vom Bier lassen konnten. Besucht werden mindestens drei Pubs und ein Getränk pro Pub ist bereits im Preis enthalten.

JAZZBOOT

Jazzbegeisterte und anspruchsvolle Paare können einen unvergesslichen Abend bei einer Tour mit dem Jazz-Boot erleben. Die kleinen Ausflugsschiffe kreuzen auf der Moldau und schippern bei Sonnenuntergang unter der Karlsbrücke hindurch. Auf Wunsch werden kalte und warme Speisen am Tisch serviert. Wer es legerer mag, der nimmt einen kühlen Drink an der Bar auf dem Außendeck. Während der gesamten Fahrt wird ein unterhaltsames Musikprogramm von Latino-Klängen über brasilianischen und kubanischen Jazz bis zu Blues und Swing geboten.

Na Františku Gate 18, 110 00 Staré Město

KUTSCHENFAHRT

Rhythmisch schlagen die Hufe der Pferde auf das historische Kopfsteinpflaster und die architektonischen Wunderwerke schimmern golden im Strahl der Sonne. Es gibt nichts Romantischeres als die tschechische Hauptstadt mit der Kutsche zu erkunden. Unvergesslich bleibt die Fahrt am Abend, wenn die Altstadt in einem warmen Licht getaucht wird. Zu den schönsten Routen gehört die Strecke über die Pariser Straße, vorbei am jüdischen Viertel bis zur Čech-Brücke am Ufer der Moldau.

Bis 4 Personen

EIN ROMANTISCHER ABENDSPAZIERGANG

Die Insel Kampa ist einer der wenigen Orte in Prag, wo Du noch ein ruhiges Plätzchen findest. Gerade am Abend zieht es verliebte Paare hierher. Die Straßenlaternen werden hier noch von Hand angezündet. Die malerischen Gassen, die betörenden Klänge der Straßenmusikanten und der märchenhafte Blick auf die Karlsbrücke bieten die perfekte Kulisse für einen romantischen Kuss.
Der Weg dorthin führt über die Liebesschlossbrücke. Hier können Verliebte ein Schloss als Zeichen der Liebe anbringen. Leider werden die Schlösser regelmäßig entfernt, um die Stabilität der Brücke sicherzustellen.

Malá Strana, 118 00 Prague 1

FAMILIEN-TIPPS

SPAZIERGANG DURCH DEN PETŘÍN-PARK

Der Petřín-Park ist die grüne Oase der Stadt und ein Paradies für Kinder. Schon der Weg dorthin ist für die kleinen Gäste ein großes Abenteuer. Entweder man erklimmt den steilen Weg durch den Wald oder man nimmt die preisgünstige Standseilbahn. Der Petřín-Turm erinnert an den Pariser Eiffelturm und punktet mit dem schönsten Ausblick über Stadt. An klaren Tagen reicht die Sicht bis nach Böhmen. Ein Muss für Kinder ist der Besuch des Spiegellabyrinths. Es ist in einem schlossartigen Gebäude untergebracht und mit konkaven und konvexen Spiegeln ausgestattet. Mal siehst Du darin aus wie ein kleiner Zwerg und mal bist Du so dünn wie ein Hering.

Petřínské sady 118 00, 118 00 Praha 1-Malá Strana

BESUCH DES LEGO-MUSEUMS

Beim Besuch des Lego-Museums geraten nicht nur Kinder ins Schwärmen. Ursprünglich wurden die Legosteine in Dänemark erfunden. Das Museum in Prag beheimatet aber die größte private Lego-Sammlung der Welt. Der Besitzer Miloš Křeček hat hier über 3.000 Exponate zusammengestellt, die aus über einer Million Steinen bestehen. Du kannst den Nachbau der Karlsbrücke und des römischen Trevi-Brunnens bewundern. Die Kinder können an zahlreichen Spieltischen ihrer Fantasie freien Lauf lassen und eigene Lego-Kreationen erschaffen.

Národní 362/31, 110 00 Staré Město

NATIONALMUSEUM

Das ganze Jahr über lockt das Nationalmuseum mit einem bunten Angebot für Kinder und Jugendliche. Besonders beliebt sind die Ausstellungen, bei denen die Kleinen zum Mitmachen angeregt werden. Geboten werden auch Spiele und Forschungsaktivitäten. Dabei kann man die Natur hautnah erleben und spielend die Welt der Naturwissenschaften kennenlernen. Der Besuch ist ein geeignetes Ausflugsziel an Regentagen. Familien mit Kindern können hier viele Stunden verbringen, ohne dass es langweilig wird.

Václavské nám. 68, 110 00 Nové Město | Kinder bis 15 Jahre haben freien Eintritt

BESUCH DES SCHLOSSES VYSEHRAD

Auf Schloss Vysehrad fühlen sich Kinder wie kleine Ritter. An manchen Tagen werden Fechtkämpfe nachgestellt. Zum Schlossgelände gehört ein Spielplatz, der von Kindergartenkindern aus der Umgebung mitgestaltet wurde. Es gibt aber Spielgeräte für Kinder bis 15 Jahren. In den Sommermonaten finden wechselnde Ausstellungen statt. Auf die Kinder wartet ein altersgerechtes Programm mit Theateraufführungen und Spielattraktionen.

V Pevnosti 159/5b, 128 00 Praha 2-Vyšehrad

4. ESSEN & TRINKEN

A. KULINARISCHE ANGEBOTE

LOKÁL DLOUHÁÁÁ

Das Lokál Dlouhááá ist bei Einheimischen und Touristen gleichermaßen beliebt. Gekocht wird traditionelle tschechische Hausmannskost aus regionalen Zutaten. Hier kannst Du ein schmackhaftes Gulasch mit selbst gemachten Knödeln genießen. Es gibt eine große Auswahl an typisch tschechischen Bieren, darunter auch alkoholfreie und ungefilterte Sorten. Im Lokál Dlouhááá sind oft schon zur Mittagszeit alle Tische besetzt. Deshalb solltest Du vorab online einen Tisch reservieren.

Dlouhá 33, 110 00 Staré Město | Preisklasse moderat | vegetarische Optionen

KOLKOVNA CELNICE

Genauso stellt man sich ein typisches tschechisches Bierrestaurant vor. Ursprünglich war das Gebäude ein Lagerhaus des Finanzamtes mit einer Stempelstelle. Eines Tages begann man damit, den Finanzbeamten Bier und Snack zu servieren. Diese Tradition ist bis heute erhalten geblieben und jeder kann hier einkehren. Serviert werden klassische Gerichte, die zu einem frisch gezapften Bier passen. Schweinsbraten mit Sauerkraut und deftiges Gulasch mit Knödeln sind die Spezialitäten des Hauses.

V Celnici 1031/4, 110 00 Nové Město | Preisklasse moderat | vegetarische Optionen

LOKÁL HAMBURK

Es hat den Charme einer deutschen Kneipe in den 1970er-Jahren. Nirgendwo ist der Weg des Bieres so kurz wie hier. Es kommt direkt aus der hauseigenen Brauerei ins Glas. Das typische Hackfleischbrot ist eine der Spezialitäten des Hauses. Auf der Speisekarte findest Du Gerichte, die zum Bier passen, wie marinierten Hering, gebratenen Käse oder Schnitzel mit Kartoffelsalat.

(Sokolovská 55, 186 00 Karlín | Preisklasse preisgünstig | vegetarische Optionen)

LA DEGUSTATION BOHÊME BOURGEOISE

Dieses Restaurant ist der Inbegriff der gehobenen tschechischen Küche. Es ist im Besitz eines Michelin-Sternes. Die Basisspeisen stammen alle aus einem alten tschechischen Kochbuch und werden auf moderne Art interpretiert. Eigenwillig werden fast alle Speisen eindrucksvoll auf kleinen Tellern angerichtet. Gourmet-Kritiker aus aller Welt geraten bei diesem Restaurant ins Schwärmen. Du solltest schon vorab einen Tisch reservieren.

Haštalská 18, 110 00 Staré Městov | Preisklasse sehr teuer | vegetarische Optionen

B. LOKALE KULINARISCHE SPEZIALITÄTEN

TRDELNÍK

Für Touristen ist Trdelník ein unwiderstehliches zylinderartiges Gebäck. Sie sind auch dafür verantwortlich, dass die gezuckerte Leckerei heute nicht mehr nur an Weihnachten, sondern das Jahr über verkauft wird. Manche behaupten sogar, Trdelník mache süchtig. Tatsächlich kann man die Finger nur schwer davon lassen. Traditionell wird das Gebäck auf eine Spindel gedreht, mit Zucker glasiert und dann über dem offenen Kohlefeuer gebacken und mit Nüssen und Zimt verfeinert. Historiker fanden heraus, dass Trdelník ursprünglich in Siebenbürger in Rumänien beheimatet war.

KNÖDEL (KNEDLÍKY)

Knödel sind in Tschechischen eine Beilage zu allen Gerichten. Die Tschechen behaupten, sie brechen die Herzen der stärksten Männer, sind kulinarisch-patriotisch und Historiker diskutieren kontrovers über die Herkunft. Auch über die perfekte Zubereitung aus Brot oder Kartoffeln wird heftig gestritten. Den Touristen ist das egal, denn geschmacklich sind die böhmischen Knödel kaum zu übertreffen. Sie schmecken am besten zu Fleischgerichten wie Gulasch oder Schweinebraten. Gelegentlich legt man sie auch auf Brot und richtet sie mit sauren Gurken, Zwiebeln und Senf an.

SVÍČKOVÁ

Du kannst Prag nicht verlassen, ohne Svíčková probiert zu haben. Svíčková ist ein Fleischgericht aus Rinderfilet, das in unterschiedlichen Varianten erhältlich ist. Traditionell ist die Zubereitung mit Piment, Lorbeerblättern und Thymian. Junge Köche experimentieren mit anderen Gewürzen wie Muskat, Zwiebeln und Knoblauch. Entscheidend für den Geschmack ist für die Tschechen die Soße aus Petersilie, Karotten und Sellerie. Hier lässt man keine Kompromisse zu. Ebenso wenig wie bei den Beilagen. Preiselbeeren und Knödel sind unabdingbar.

PILSNER URQUELL

Pilsner Urquell ist die Nummer eins unter den tschechischen Bieren und eines der besten und berühmtesten Biere der Welt. Gebraut wird es in Pilsen. Die Tschechen sind besonders stolz darauf, dass sich das Brauverfahren seit 1842 nicht verändert hat. Auch das Rezept ist stets gleich geblieben. Dadurch entsteht ein Bier mit einem einzigartigen Geschmack. Der Genuss eines frisch gezapften Pilsner Urquells gehört zu einem Prag-Besuch einfach dazu. Auch das Auge trinkt mit, denn die unvergleichliche goldene Farbe hat das Bier dem Žatec-Hopfen zu verdanken.

C. RESTAURANTS

W RESTAURANT

Das W steht für Whisky und das Restaurant folgt einem Konzept, deren Anfang in Israel begann. In den Wandschränken rund um die Speisestätte lagern Whisky-Sorten aus aller Welt und aus jedem Preissegment. Die Speisekarte wird von Fisch- und Fleischgerichten dominiert. Sehr beliebt ist das Dry-Aged Steak, das traditionell auf einem Holzkohlegrill zubereitet wird.

Maiselova 14/1, 110 00 Josefov | Preisklasse moderat | vegetarische Optionen

V ZATISI

Willkommen in einem der besten Restaurants in Prag. Hier gehören nicht nur die Küche zur Weltklasse, sondern auch das Interieur und die gehobene Atmosphäre. Gespeist wir bei gedimmtem Licht in bequemen Polsterstühlen. Auf der Weinkarte findet man neben böhmischen und mährischen Weinen auch hervorragende internationale Weine.

Liliová 1, Liliová 216, Staré Město, 110 00 Praha | Preisklasse teuer

AQUARIUS RESTAURANT

Nur wenige Schritte von der Karlsbrücke entfernt, liegt dieses kulinarische Juwel. Hier speist Du königlich an einem majestätischen Interieur. Die Speisekarte ist klein. Jedes Gericht, das Koch Vladimír Haberpursch zaubert, verlangt seine Aufmerksamkeit und verwandelt sich in ein Kunstwerk für Augen und Gaumen. Bei schönem Wetter kannst Du draußen auf der Terrasse speisen.

Tržiště 19/303, 118 00 Malá Strana | Preisklasse moderat | vegetarische Optionen

TERASA U ZLATE STUDNE

Der Chefkoch Lukas Hlaváček lernte die Kochkunst in Michelin-Restaurants in Großbritannien und in den USA. Seit er hinter dem Herd steht, hat das Restaurant zahlreiche Preise verliehen bekommen. Das Terasa U Zlate studne ist bekannt für seinen exquisiten Hummer und die erlesene Auswahl an Frühstücksgerichten.

U Zlaté studně 166 /4, 118 00 Malá Strana | Preisklasse teuer | vegetarische Optionen

DIVINIS

Das Restaurant Divinis lockt mit einer gehobenen italienischen Küche im Herzen von Prag. Die Speisekarte wird geprägt von traditionellen Pasta-Gerichten aus Norditalien. Der anspruchsvolle Küchenchef Zdeněk Pohlreich überlässt nichts dem Zufall und lässt sogar die frischen Zutaten aus Italien einfliegen. Das Divinis ist übrigens eines der zwei tschechischen Restaurants, die im Besitz eines Michelin-Sternes sind.

Týnská 21, 110 00 Staré Město | Preisklasse moderat

GEORGE PRIME STEAK

Das Restaurant eignet sich hervorragend für Steak-Liebhaber, die sich auch kulinarisch so richtig verwöhnen lassen wollen. Gäste benötigen ein dickes Portemonnaie, denn das George Prime Steak ist eines der teuersten Restaurants in der Hauptstadt. Dafür stammen die Steaks auch von Rindern aus natürlichen Züchtungen. Sie erhalten Futter ohne Antibiotika und Hormonzusätzen.

19, Platnéřská 111, Staré Město, 110 00 Praha 1 | Preisklasse teuer

RESTAURANT ZVONICE

Im Restaurant Zvonice ist alles außergewöhnlich und historisch bedeutend. Du speist in einem Glockenturm aus dem 15. Jahrhundert, den Du nur über eine alte, knarrende Treppe erreichen kannst. Der berühmte Meisterkoch Genius Loci zaubert der Atmosphäre und Umgebung angepasste alt böhmische Gerichte der besonderen Art. Doch oft genug setzt er auch moderne Akzente, die geschmacklich nicht zu übertreffen sind.

Jindřišská 33, 110 00 věž-Nové Město | Preisklasse teuer | vegetarische Optionen

U MODRE KACHNICKY

In der Küche vom U Modre Kachnicky zaubert ein echter Könner einzigartige Gerichte. Michael bekochte schon Václav Havel und Gérard Depardieu. Auch die Könige von Schweden und von Norwegen gehörten zu seinen Gästen. Das Restaurant ist auf Wildgerichte spezialisiert. Der geflammte Hirschrücken mit Klößen und Hagebutten-Soße ist ein Gedicht.

Nebovidská 460/6, 118 00 Malá Strana | Preisklasse teuer

KANTYNA

Kantyna bedeutet übersetzt Kantine. Hinter der historischen Fassade verbirgt sich tatsächlich eine Art Speisehalle, die rund um eine Theke angeordnet ist. Serviert werden üppige Fleischspeisen und deftige Hausmannskost. Bezahlt wird nach Gramm und auf Wunsch kannst Du Dir verschiedene Beilagen zusammenstellen. Empfehlenswert sind die pikant gewürzten Schweinshaxen und Tatar mit Brot und sauren Gurken.

Politických vězňů 1511 / 5, 110 00 Nové Město | Preisklasse moderat

PRIVATE DINING

Versteckt in einer kleinen Gasse in einem historischen Kellergewölbe liegt diese ungewöhnliche Speisestätte. Das Gebäude gehört zum Hotel Mandarin Oriental. Ungestört und von Blicken geschützt, kannst Du hier ein romantisches Diner der Extraklasse erleben. Private Dining ist der perfekte Ort für Paare, die auch beim Essen ihre Zweisamkeit genießen möchten. Die Speisekarte basiert auf der asiatischen Küche. Eine telefonische Reservierung oder eine Buchung über die Webseite ist vorab erforderlich.

Nebovidská 459/1, 118 00 Malá Strana | Preisklasse teuer

TSCHECHISCH-SLOWAKISCHES RESTAURANT

Wie der Name schon sagt, werden hier Gerichte der tschechisch-slowakischen Küche präsentiert. Der Koch orientiert sich an alten traditionellen Gerichten mit ursprünglichen, saisonalen und lokalen Produkten. Sie werden mit modernen Akzenten neu belebt. Das Abendessen wird von einem Pianisten begleitet.

20, Újezd 423, Malá Strana, 118 00 Praha 1 | Preisklasse moderat

LE GRILL RESTAURANT

Das Küchenteam rund um den Starkoch Angelo Sabatelli kreiert einzigartige Gerichte aus lokalen und saisonalen Produkten. Abgeschmeckt wird alles mit frischen Kräutern aus dem eigenen Biogarten. Es ist unmöglich, alle Preise und Auszeichnungen aufzulisten, die diesem Restaurant verliehen wurden.

12, Hybernská 1002, Nové Město, 110 00 Praha 1 | Preisklasse teuer

BISTRO SCHWESTERN (BISTRO SISTERS)

In diesem Bistro werden alle Register der kalten Küche gezogen. Angehaucht vom skandinavischen Smørrebrød und orientiert an tschechischen Traditionen, kreieren die Besitzerinnen Sandwiches und Canapés in allen Varianten. Dazu gibt es eine Auswahl an Salaten und kalt und warmen Getränken. Das Bistro ist perfekt für einen Snack am Mittag und für den Hunger zwischendurch.

Hradební 761, 110 00 Staré Město | Preisklasse presigünstig | vegetarische Optionen

RESTAURANT POD VEZI

Das Restaurant Pod Vezi liegt in einer fantastischen Umgebung, direkt an der Karlsbrücke und am Mostecká-Turm. Das Interieur ist an das historische Gebäude angepasst. Auf den Tisch kommen typisch tschechische Speisen, wobei aber die Fleischgerichte dominieren. Eine Spezialität des Hauses ist der Beefburger mit marinierten Gurken.

Mostecká 58 / 2, 118 00 Malá Strana | Preisklasse moderat

U MODRE KACHNICKY 2

Michael, der Chefkoch des U modre kachnicky 2 begeisterte mit seinen Kochkünsten schon Politiker und Adlige. Hier zaubert er Fleischgerichte, dessen Rezepte er in uralten Kochbüchern findet und paart diese mit modernen Akzenten. So entstehen Kompositionen, die man nirgendwo in der Hauptstadt findet.

Michalská 16, 110 00 Staré Město | Preisklasse teuer

NASE MASO

Nase maso ist eine traditionelle Metzgerei. Gespeist wird hier an Holztischen und auf Bänken - oftmals auch im Stehen, weil die Kapazität bei Weitem nicht ausreicht. Das ist nicht verwunderlich, denn das traditionelle Metzgerhandwerk wird hier noch praktiziert. Roman Lakomý, der Metzgermeister, kauft Schlachttiere nur bei Bauern, die er persönlich kennt.

Dlouhá 727 / 39, 110 00 Staré Město / Shoppingcenter Gurmet Pasáž Dlouhá | Preisklasse preisgünstig

D. CAFÉS

DONUTERIE

Die Schwestern Míša und Jana machten ihr Hobby zum Beruf. Sie backen Donuts in allen Geschmacksrichtungen und Farben. Der liebevoll eingerichtete Laden erinnert an eine Puppenstube und die Glasur der Donuts sind genau so farbenfroh wie das Interieur. Trotzdem werden zum Backen nur natürliche Aromen und Farbstoffe verwendet.

Náprstkova 215, 110 00 Staré Město | Preisklasse moderat

CAFÉ CLUB MÍŠEŇSKÁ

Versteckt in einer Hofeinfahrt liegt dieses romantische Café. Die Einrichtung ist individuell gestaltet, mit einer Bücherwand im Hof, unterschiedlichen Tischen und Stühlen und einer Bühne im Kellergewölbe. An manchen Tagen präsentieren sich hier lokale Künstler oder es finden Karaoke-Wettbewerbe statt. Du kannst die Bücher käuflich erwerben oder einfach nur darin stöbern. Es gibt auch einen Ständer mit Second-hand-Bekleidung, die zum Verkauf angeboten wird.

Míšeňská 71/3, 118 00 Malá Strana | Preisklasse moderat

DESIGNUM CAFÉ

Bunt und urgemütlich ist das Designum Café, und es erinnert das ganze Jahr über an ein Weihnachtswichtel-Haus. In dieser märchenhaften Umgebung bekommst Du den besten tschechischen Käsekuchen der Stadt. Du solltest auch den zauberhaften Strudel probieren. Das Café ist ideal, um morgens ein kleines Frühstück zu genießen.

Nerudova 27, 118 00 Malá Strana | Preisklasse teuer

CHOCO CAFÉ

Das Café gehört zu einer Prager Schokoladenmanufaktur und entsprechend groß ist das Angebot an warmen und kalten Kakao-Getränken und Schokoladenkuchen. Der Kuchen wird täglich frisch auf der Basis uralter Rezepte gebacken. Du musst den heißen Kakao probieren und wählst unter verschiedenen Herkunftsländern der Kakaobohnen aus. Einige Heißgetränke sind mit Früchten und mit alkoholischen Getränken verfeinert. Eine wahre Geschmacksexplosion sind die selbst gemachten Makronen.

Nerudova 49, 110 00 Malá Strana | Preisklasse moderat

GARDEN CAFÉ TAUSSIG

Mit den ersten sommerlichen Temperaturen im Frühjahr öffnet auch das Garden Café Taussig wieder seine Tore. Den ganzen Sommer wird hier ein leckerer Kuchen serviert und Du genießt eine wunderschöne Aussicht auf Teile der Stadt. An manchen Tagen gibt es Live-Musik. Besonders romantisch sind die Plätze versteckt hinter blühenden Hecken und unter Schatten spendenden Bäumen.

Vlašská 25, 118 00 Praha 1 | Preisklasse preisgünstig | Öffnungszeiten Mai bis Oktober

MUJ SALEK KAVY

Das helle und gemütliche Café ist ein beliebter Treffpunkt im Viertel. Hier kommst Du schnell mit Einheimischen ins Gespräch. Den ganzen Tag über kannst Du hier warme und kalte Snacks genießen, die liebevoll zubereitet werden. Es gibt auch einen guten Kaffee und eine Auswahl an Erfrischungsgetränken. Im Sommer sind draußen Bistrotische aufgestellt.

Křižíkova 386 / 105, 186 00 Praha 8-Karlín | Preisklasse teuer | vegetarische Optionen

LIBERICA CAFE VALENTINSKA

Schon beim Betreten spürst Du diese freundliche und warme Atmosphäre. Hier sind Hunde ganz besonders willkommen. Alles ist individuell, sogar die Speisekarte. Diese ist nur eine Art Angebot und wird immer wieder saisonal angepasst. Im Sommer setzt man sich einfach auf die Außenfensterbank und beobachtet das bunte Treiben in der Stadt.

Valentinská 10 / 20, 110 00 Josefov | Preisklasse teuer | vegetarische Optionen | hundefreundlich

MEZI SRNKY

In diesem Café achtet man ganz besonders auf die Zutaten. Die Eier stammen von frei laufenden Hühnern, gebacken wird nach alter Handwerktradition und das Vollkornmehl wird noch in einer Steinmühle gemahlen. Der Familienbetrieb vermengt alte Traditionen mit modernen Lebensweisen und schafft so eine einzigartige Location, von denen es, mehr geben sollte.

Sázavská 19, 120 00 Praha 2-Vinohrady | Preisklasse teuer | vegetarische, glutenfreie und vegane Optionen

CAFÉ SLAVIA

Das Café Slavia liegt direkt gegenüber dem Nationaltheater in einem ehemaligen Herrenhaus. Es öffnete seine Türen erstmalig im Jahre 1884. In Deutschland wurde das Café bekannt, weil Rainer Maria Rilke hier Inspiration für seine Werke fand. Auch Václav Havel und der berühmte Künstler Jiří Kolář gingen hier ein und aus. Bis heute treffen sich hier Kreative und diskutieren über Politik und den Sinn des Lebens. Besonders empfehlenswert ist das herzhafte oder das süße Frühstück. Auch die Süßspeisen musst Du probieren, besonders den traditionellen tschechischen Apfelstrudel mit Vanilleeis.

Smetanovo nábř. 1012 / 2, 110 00 Staré Město | Preisklasse teuer | vegetarische Optionen

BISTRO MEZI ŘÁDKY

Das Bistro Mezi Řádky beschäftigt ausschließlich behinderte Menschen und ist in Prag ein sehr angesehenes Café. In der Mittagszeit herrscht hier dichtes Gedränge. Die Speisen sind erstklassig, der Service angenehm und das Preis-Leistungs-Verhältnis perfekt. Die Einnahmen des Bistros fließen teilweise in soziale Projekte.

nám. J. Palacha 1, 110 00 Josefov | Preisklasse preisgünstig

GEDENK-CAFÉ KAREL

Prag war und ist die Heimat zahlreicher Prominenter aus Politik, Kunst und Wissenschaft. Doch der mit Abstand populärste Prager wurde noch nicht einmal in der tschechischen Hauptstadt geboren. Karel Gott war die goldene Stimme Prags und ein Sänger, der gefühlvolle Botschaften von Frieden, Liebe und Zärtlichkeit über seine Lieder in die Welt hinaus trug. Als Karel Gott im Oktober 2019 verstarb, wollten ehemalige Freunde und Kollegen ihm eigenes Denkmal setzen. Ein ihm gewidmetes Museum in der Nähe von Prag schloss schon zu Karels Lebzeiten die Türen. Unter der Führung seines Freundes, dem Saxofonist Felix Slováček wurde dann im Frühjahr das Café Karel eröffnet. Seine ehemaligen Weggefährten nennen es ein Gedenk-Café. Tatsächlich ist eine Mischung zwischen einem gemütlichen Café und einem Museum, das den berühmtesten tschechischen Sänger aller Zeiten würdigt. Überall an den Wänden und in den Regalen und Ausstellungsschränken findet man Erinnerungen an den Sinatra des Ostens, wie man ihn in Deutschland gerne bezeichnete. Du kannst seine ersten Schallplatten bewundern, seiner Musik lauschen und zahlreiche seiner Auszeichnungen und Preise betrachten. Schon kurz nach der Eröffnung entwickelte sich das Gedenk-Café zu einer Pilgerstätte. Karel-Gott-Fans aus der ganzen Welt strömen hierher.

39, Dlouhá 727, Staré Město | Preisklasse teuer

CZECH
CUISINE
PLATE
KNEE
КОЛЕНО
DUCK
утка
GOULASH
BEER
PASTA
STEAKS
LOCAL
WINES
BEER
ПИВО

Today
Fresh Fish
Sea Bass
Swordfish
Salmon
Mussels
SPECIALS
Grilled Duck
Spaghetti with
Langoustine
Pheasant
Lunch Menu
Spaghetti
Pork Steak
Salad 8

5. SEHENS-WÜRDIGKEITEN

KUNST, KULTUR, GESCHICHTE & ARCHITEKTUR

MUSEEN

FRANZ KAFKA MUSEUM

Keine andere Stadt hat so viele Dichter in kürzester Zeit hervorgebracht wie Prag. Doch Franz Kafka gilt noch immer als der berühmteste Schriftsteller des Landes. Er gehört zu den wichtigsten Symbolen Tschechiens. Du kannst hier die originalen Tagebücher und zahlreiche Erstausgaben seiner Werke bewundern. Auch einige seiner Manuskripte sind erhalten geblieben. Beeindruckend sind die audiovisuellen Bildschirme und die 3D-Installationen, die jeder der einzelnen Ausstellungen auf moderne Weise begleiten. An manchen Stellen ist die Beleuchtung so installiert, dass sie düster wirkt wie in Kafkas Romanen. Es ist ein erhabenes Gefühl, die persönlichen Gegenstände eines so berühmten Autors zu bewundern.
Vor dem Museum steht übrigens die Piss-Statue, eines der provokantesten Werke von David Černý.

Cihelná 635, 118 00 Malá Strana |
Führung in deutscher Sprache

TECHNISCHES NATIONALMUSEUM (TECHNICKÉ MUZEUM)

Dieses Museum ist ein Muss für alle technikinteressierten Stadtbesucher. Es gibt hier kaum eine Naturwissenschaft, die nicht detailliert beleuchtet wird. Sieh Dir Oldtimer und die ersten Flugzeugmodelle in der Transportabteilung an. Der Bereich „Technik im Haus" zeigt Dir alte Klospülungen, die ersten Waschmaschinen und Warmwasserboiler aus längst vergessenen Zeiten. Weitere Schwerpunkte liegen auf den Fachbereichen Chemie, Zucker und Schokolade, Astronomie und Fernsehstudio. Ständig gibt es kurze und dauerhafte Ausstellungen, die einzelne naturwissenschaftliche und technische Bereiche aufarbeiten. Das Museum ist der perfekte Ort für einen Familienausflug an Regentagen. Es bringt Kindern die bunte Welt der Technik nah und lässt sie spielend daran teilnehmen.

Kostelní 1320 / 42, 170 00 Praha 7-Letná

MUSEUM FÜR FANTASTISCHE ILLUSIONEN (MUZEUM FANTASTICKÝCH ILUZÍ)

Das Museum für fantastische Illusionen ist ein Spaß für junge und alte Besucher. Es ist eine Art magische Welt, die optische Täuschungen formvollendet darstellt. Die riesigen Wandgemälde sind nichts anderes als eine Szenerie aus einem Trickfilm. In jedem Raum kannst Du Deine eigen lustigen Fotos machen oder Deine Videos drehen. Mal sieht es so aus, als würdest Du dem Untergang der Titanic nur knapp entkommen. Dann kniest Du auf der Karlsbrücke, die in der Mitte ein offenes Loch hat und es so aussieht, als würdest Du in die Moldau stürzen. Krieche aus einer Kanone, aus dem Maul eines Gorillas oder klettere an der Rathausuhr entlang. In diesem Museum werden die Lachmuskeln gleich mittrainiert.

Vodičkova 31, 110 00 Nové Město |
Kinder unter einem Meter Körperhöhe frei

JÜDISCHES MUSEUM IN PRAG (ŽIDOVSKÉ MUZEUM)

Das jüdische Museum ist eines der meistbesuchten Museen in Tschechischen. Zu den umfangreichen Exponaten gehört auch eine der größten Judaica-Sammlungen der Welt. Einige Exponate lassen Besucher bewegt zurück. Gebaut wurde das Museum um 1900 herum. Damals wurde die Prager Synagoge angerissen. Das Museum war anfangs nur ein Ort, um einige jüdische Artefakte aufzubewahren. Der Besuch des Museums hallt noch lange nach, da manche Exponate sich direkt mit der dunklen Vergangenheit der Juden in Europa auseinandersetzen. Von der handschriftlichen Namensliste der 80.000 ermordeten Juden kann man sich nur schwer losreißen.
Du solltest den Besuch des Museums unbedingt mit einem Bummel durch das jüdische Viertel kombinieren. So bekommst Du noch mehr Einblicke in das jüdische Leben und die Geschichte in Prag.

Maiselova 15, 110 00 Josefov |
Kinder bis sechs Jahre kostenlos

PRAGER STADTMUSEUM (MUZEUM HLAVNÍHO MĚSTA PRAHY)

Viele Museen in Prag beschäftigen sich mit der Stadtgeschichte. Im Prager Stadtmuseum werden aber auch Perioden beleuchtet, die weniger bekannt sind. Alles ist informativer und Du spürst, dass man viel Wert aufs Detail legt. Hier erklärt man Dir nicht einfach die Prager Geschichte, sondern das Prager Mittelalter, das prähistorische Prag und das kommunistische Prag. An manchen Tagen finden Geschichtsvorträge statt, die sich mit der infrastrukturellen Entwicklung der Stadt befassen. Es gibt auch spezifische Programme, die sich mit den einzelnen Exponaten des Museums auseinandersetzen.

Na Poříčí 1554/52, 180 00 Nové Město

GALERIEN

NATIONALGALERIE IN PRAG (NÁRODNÍ GALERIE V PRAZE)

In der Nationalgalerie in Prag erwartet Dich die größte Kunstsammlung Tschechiens. Die gesamte Ausstellungsfläche erstreckt sich über elf einzelne Gebäude. Damit gehört die Galerie zu den größten ihrer Art in Europa. Zu sehen sind Werke tschechischer und slowakischer Künstler wie Vincenc Beneš und Otto Gutfreund. Die internationale Ausstellung beheimatet zahlreiche Exponate von weltberühmten Malern wie Munch, Picasso, Klimt und Cézanne. Viele Werke wurden von dem Kunsthistoriker Vincenc Kramár an das Museum gespendet. Im Kinsky-Palast sind nur asiatische und antike Kunstwerke ausgestellt. Du solltest den Kinsky-Palast auch von außen nicht unbeachtet lassen. Die sanft rosa und weiße Fassade ist ein Wunderwerk des Rokoko und punktet mit einer einzigartigen Dekoration an Skulpturen und Stuckarbeiten.

Staroměstské nám. 1, 110 15 Staré Město | Für den Besuch der Galerie solltest Du mindestens drei Stunden einkalkulieren.

RUDOLFINUM – KUNSTAUSSTELLUNGSHALLE (UMĚLECKÁ BESEDA V RUDOLFINU)

In der Nationalgalerie in Prag erwartet Dich die größte Kunstsammlung Tschechiens. Die gesamte Ausstellungsfläche erstreckt sich über elf einzelne Gebäude. Damit gehört die Galerie zu den größten ihrer Art in Europa. Zu sehen sind Werke tschechischer und slowakischer Künstler wie Vincenc Beneš und Otto Gutfreund. Die internationale Ausstellung beheimatet zahlreiche Exponate von weltberühmten Malern wie Munch, Picasso, Klimt und Cézanne. Viele Werke wurden von dem Kunsthistoriker Vincenc Kramár an das Museum gespendet. Im Kinsky-Palast sind nur asiatische und antike Kunstwerke ausgestellt. Du solltest den Kinsky-Palast auch von außen nicht unbeachtet lassen. Die sanft rosa und weiße Fassade ist ein Wunderwerk des Rokoko und punktet mit einer einzigartigen Dekoration an Skulpturen und Stuckarbeiten.

Alšovo nábř. 12, 110 00 Josefov | kinderfreundlich | Eintritt frei, Ausnahme sind Sonderveranstaltungen und Rahmenprogramme

DOX – ZENTRUM FÜR ZEITGENÖSSISCHE KUNST (DOX – CENTRUM SOUČASNÉHO UMĚNÍ)

Das Zentrum für Zeitgenössische Kunst beeindruckt schon durch seine Lage im gemütlichen Stadtviertel Holešovice und nahe der Moldau-Biegung. Es wurde im Jahre 2008 mit dem Ziel gegründet, um den Menschen die zeitgenössische Kunst nahezubringen. Das ist gelungen, denn unter den Plätzen für zeitgenössische Kunst nimmt Prag dank des Zentrums einen führenden Platz ein. Bekannt ist DOX auch für die perfekten Ausstellungen, die alle von einem bunten Rahmenprogramm begleitet werden. Du kannst eine Führung machen oder an Podiumsdiskussion teilnehmen.

Poupětova 1, 170 00 Praha 7-Holešovice | kinderfreundlich

KULTURELLE EINRICHTUNGEN

PRAGER NATIONALTHEATER (NÁRODNÍ DIVADLO)

Für Touristen ist das Nationaltheater in Prag ein Ort, an dem man einzigartige Ballettaufführungen und perfekt inszenierte Opern erleben kann. Für die Hauptstädter hat es dagegen Symbolcharakter. Es steht für die Kraft und den Willen, mit Eigeninitiative Berge zu versetzen. Der Bau des Theaters dauerte 13 lange Jahre. Doch kurz vor der endgültigen Fertigstellung fiel das Gebäude einem Brand zum Opfer. Die Prager nahmen all ihre Kräfte zusammen und nur zwei Jahre später wurde es mit der Oper Libuše von Bedřich Smetana endlich eröffnet.

Der Besuch einer Aufführung, egal welcher Art, wird Dir noch lange in Erinnerung bleiben. Du kannst wählen zwischen modernen Inszenierungen und Werken, die auf die historische Umgebung zugeschnitten sind. Kaum ein anderes Theater in Europa bietet solch eine beeindruckende Kulisse. Während der Theateraufführung solltest Du auch mal nach oben schauen. Die Gemälde stammen von František Ženíšek und stellen einzelne Gattungen der Kunst dar. Die einzelnen Skulpturen sind verschiedenen Dichtern, Schauspielern und Schriftstellern gewidmet.

An manchen Tagen werden Führungen hinter die Theaterkulissen angeboten. Der Weg führt dann hinab in den Keller, der kurioserweise sechs Meter tiefer als die Moldau liegt. Hier kannst Du noch den Grundstein des Theaters besichtigen.

Národní 2, 110 00 Nové Město

ESTATES THEATRE (STAVOVSKÉ DIVADLO)

Das Estates Theatre ist das älteste Theater der Stadt. Es wurde im Jahre 1787 mit der Uraufführung der Oper Don Giovanni eröffnet. Mozart trug ganz erheblich dazu bei, dass das Haus weit über die tschechischen Landesgrenzen hinaus bekannt wurde. Bis heute steht Mozart im Mittelpunkt des Bühnenprogramms und lockt einmal jährlich Besucher aus aller Welt zum Mozartissimo an. Gezeigt wird eine Zusammensetzung der Werke Mozarts. Der Besuch des Theaters lohnt sich aber auch in der mozartfreien Zeit. Dann werden Schauspiele und Opern gezeigt. Das ganze Jahr über finden auch Ballettvorführungen statt.

Železná, 110 00 Staré Město

SCHWARZENBERGPALAST (ČERNÍNSKÝ PALÁC)

Der Schwarzenbergpalast gehört zu den schönsten barocken Gebäuden in der Stadt. Seit 1930 ist hier das Außenministerium untergebracht. Du kannst den Palast leider nur von außen bewundern. Der Zugang zu einigen Innenräumen ist nur innerhalb von Programmen oder Ausstellungen möglich. Die Fassade des Gebäudes ist ein echter Hingucker. Dafür sorgen die 30 korinthischen Halbsäulen. Sie zieren die oberen Etagen und erstrecken sich über die gesamte Gebäudefront. Von der Seite des Gebäudes aus genießt Du einen traumhaften Blick über Teile der Stadt. Nur wenige Meter entfernt gibt es eine angelegte Grünfläche mit Bänken, die zum Verweilen einlädt.

Loretánské nám. 5, 118 00 Praha 1-Hradčany

STATNI OPERA PRAHA

Gebaut wurde die Staatsoper im Jahre 1888. Sie gehört zu den bedeutenden kulturellen Städten der Hauptstadt und wurde umfangreich renoviert. Du bekommst hier erstklassige Inszenierungen zu sehen. Neben Opern von Puccini, Verdi und Tschaikowsky lockt das Haus auch mit fantastischen Ballettaufführungen. Die meisten Besucher schätzen die historische Atmosphäre, die Aufführungen aller Art zu einem unvergesslichen Erlebnis machen. Den besten Blick auf die Bühne hast Du von den Balkonen.

Wilsonova 4, 110 00 Praha 1-Vinohrady

PRAGER KÖNIGLICHE KANONIE (KRÁLOVSKÁ KANONIE PREMONSTRÁTŮ NA STRAHOVĚ)

Das Kloster ist dem Prämonstratenserorden zugeordnet und gehört zu den ältesten noch aktiven Klöstern der Welt. Seine Anfänge gehen auf das Jahr 1143 zurück. Auch die Bibliothek des Klosters nimmt weltweit einen führenden Platz ein. Allein die historische Abteilung beherbergt über 200.000 Bücher. Du kannst auch tausende Manuskripte bewundern. Während der kommunistischen Herrschaft führte das Kloster ein tristes Dasein. Die einzelnen Gebäude und Objekte überdauerten die Zeit. Im Jahre 1989 kehrten die Prämonstratenser ins Kloster zurück. Fortan begann eine nicht enden wollende Restaurierung und Renovierung. An einer Ecke wird immer gewerkelt, aber dafür ist auch die positive Veränderung der historischen Einrichtung sichtbar. Auch Archäologen sind an vielen Arbeiten beteiligt, um die verborgenen Schätze des Klosters zu erhalten.

Strahovské nádvoří 1 / 132, 118 00 Praha 1-Strahov

DAS CLEMENTINUM (KLEMENTINUM)

Eigentlich ist das Clementinum nur ein riesiger Gebäudekomplex, in dem zahlreiche kulturelle Einrichtungen untergebracht sind. Trotzdem solltest Du diesem architektonischen Wunderwerk einen Besuch abstatten. Kaum eine andere Anreihung von Gebäudekomplexen in Europa verbindet so viele Stilrichtungen miteinander. Der erste Bau der Anlage erfolgte im Jahre 1556 durch Jesuiten. Insgesamt wurde 170 Jahre an der Anlage gebaut. Jedes der Gebäude erzählt eine eigene Geschichte. Die Jesuiten errichteten eine Schule, eine Apotheke, die Bibliothek und das Theater. Im Jahre 1654 wurden die Gebäude mit der Karl-Ferdinand-Universität zusammengelegt. Der Jesuitenorden existierte nur bis 1773. 1930 wurde in einigen Gebäuden die Nationalbibliothek untergebracht.

Mariánské nám. 5, 110 00 Staré Město

LOBKOWITZPALAST (LOBKOVICKÝ PALÁC)

Der Lobkowitzpalast bringt auch Besucher ins Schwärmen, die sich weniger für Kunst und Kultur begeistern können. Das liegt an der abwechslungsreichen Sammlung. Freue Dich auf eine Zusammenstellung von Keramiken, deren älteste Exponate über 500 Jahre alt sind. Das Museum beheimatet Werke von weltberühmten Malern wie Bruegel oder Velázquez. Einzigartig ist auch die Zusammenstellung historischer Waffen und einer Mischung aus antiken Rüstungen. Viele Besucher kommen hierher, um die kommentierten Partituren zu sehen. Diese stammen von weltberühmten Komponisten wie Beethoven, Haydn und Mozart.

Jiřská 3, 119 00 Praha 1-Hradčany

HISTORISCHE BAUWERKE

GOLDENE GÄSSCHEN (ZLATÁ ULIČKA)

Das Goldene Gässchen gehört zu den bekanntesten Wahrzeichen Prags. Die Häuser entlang der Gasse wurden bereits im 16. Jahrhundert gebaut. Damals wohnten dort die Bediensteten der Burg. Darunter waren auch viele Goldschmieden. Ursprünglich wurde der Weg als Goldschmiedegasse bezeichnet und später in das Golden Gässchen umbenannt. Die urigen und zwergenhaften Häuser dienten noch bis zum Ende des 2. Weltkrieges als Wohnräume. Anfang des letzten Jahrhunderts lebten hier einige Prager Persönlichkeiten. Das Haus Nummer 22 war von 1916 bis 1917 die Heimat des berühmten Schriftstellers Franz Kafka. Einige Häuser können auch von innen besichtigt werden.

Hradčany, 119 00 Prague 1

ALTSTÄDTER RATHAUS MIT ASTRONOMISCHER UHR (STAROMĚSTSKÁ RADNICE S ORLOJEM)

Die Regierung der Altstadt gab den Bau des Rathauses 1338 in Auftrag. Der gesamte Südflügel ist auch der älteste Teil der Anlage. Zu ihm gehören der gotische Turm mit der astronomischen Uhr und die Erkerkapelle. Du solltest zur vollen Stunde am Rathaus sein. Jede Stunde zwischen 9 und 23 Uhr zeigen sich an der Uhr die zwölf Apostel. Den besten Blick auf die Apostel hast Du von der gotischen Kapelle aus. Die vielen klassischen Säle beheimaten eine Vielzahl an wertvollen Gemälden. Der unterirdische Teil des Rathauses ist im romanisch-gotischen Stil gebaut. Unter der Erde finden das ganze Jahr über Ausstellungen aller Art statt. Die Dauerausstellung beschäftigt sich ausschließlich mit der Geschichte des Rathauses. Viele der Informationstafeln schmücken die Wände im Turm. Zur Dauerausstellung gehören auch knapp hundert Fotografien, die die Geschichte des Rathauses bildlich erzählen.

Staroměstské nám. 1/3, 110 00 Staré Město

VEITSDOM (KATEDRÁLA SVATÉHO VÍTA)

Der Dom ist das bekannteste und das größte Gotteshaus in Prag. Bereits im 10. Jahrhundert wurde der Grundstein für den Bau der Domkirche gelegt. Es gab zahlreiche Umbauten, Erweiterungen und Veränderung. Er vereinigt Baustile der Gotik und der Renaissance. Schon beim Betreten wirst Du von der majestätischen inneren Erscheinung überwältigt sein. Im Dom wurden früher die böhmischen Könige gekrönt. Er dient auch als Ruhestätte vieler Monarchen, Bischöfe und Schutzheilige. Manche Besucher sagen, der Dom habe etwas Mystisches. Das liegt sicherlich auch an den geheimnisvollen Geschichten, die über den Dom kursieren. So sollen kurz nach dem Tod des böhmischen Königs Karl IV. im Jahr 1378 plötzlich die Glocken wie von Geisterhand geläutet haben. Einst soll auch ein betrunkener Glöckner einen Geist so verärgert haben, dass der ihn aus dem Turm jagte. Als der Dom unter die Führung der Calvinisten fiel, wurden die Glocken so schwer, dass man sie am Karfreitag nicht mehr läuten konnte.

III. nádvoří 48 / 2, 119 01 Praha 1-Hradčany | Es gibt ausgewiesene Freizonen für eine perfekte Besichtigungstour.

PULVERTURM (PRAŠNÁ BRÁNA)

Gebaut wurde der spätgotische Turm bereits im Jahre 1475. Der Weg nach oben ist mühselig, aber dafür wirst Du mit einem atemberaubenden Blick über die Stadt belohnt. Insgesamt hat der eine Länge von 65 Metern. Das Aussichtsplateau befindet sich in einer Höhe von 44 Metern. Auch von außen ist der historische Turm eine Augenweide mit seinen imposanten Skulpturen von Heiligen und Königen. Am Abend zeigt sich der Turm von seiner schönsten Seite. Beim Besuch des Turmes solltest Du Dir auch gleich die geschichtsträchtige Umgebung ansehen. Unmittelbar am Turm beginnt der Prager Königsweg. Dort stößt Du unweigerlich auf die Kutná Hora. Die Straße war einst berühmt für den Abbau von Silber. Es wurde für den Bau der königlichen Schatzkammer gebraucht. Der Turm und das zur Spätgotik gehörende Stadttor waren zu Zeiten Wenzel II. Teile der Befestigungsanlage der Prager Altstadt.

Nám. Republiky 5, 110 00 Staré Město

KARLSBRÜCKE (KARLŮV MOST)

Die berühmte Karlsbrücke ist das Wahrzeichen der Stadt. König Karl IV. trug die Schirmherrschaft, als der Grundstein für die Brücke im Jahre 1357 gelegt wurde. Fertiggestellt wurde die Brücke erst Anfang des 15. Jahrhunderts. Sie ist die zweitälteste Brücke des Landes. Einst war sie eine wichtige Verbindung zwischen der Burg und der Altstadt. Sie hielt auch den Handel zwischen Ost- und Westeuropa aufrecht.

Die Brücke ist ein Foto-Hotspot, ein romantischer Ort für Verliebte und sogar Hollywoodfilme, wie „Mission: Impossible" wurden hier gedreht.
Bei einem Spaziergang entlang der Brücke werden Dir die 30 spektakulären Skulpturen auffallen. Viele von ihnen stammen aus dem 17. Jahrhundert. Damals wurden die bereits vorhandenen Skulpturen erneuert und neue geschaffen. Die älteste wurde 1683 erbaut und ist bis heute in der Originalform erhalten. Sie ist dem Heiligen Johannes von Nepomuk gewidmet.

Karlův most, 110 00 Praha 1

PRAGER BURG (PRAŽSKÝ HRAD)

Wie bei vielen Gebäudekomplexen in Prag ist auch die Burg von unterschiedlichen Stilrichtungen geprägt. Auf einer Fläche von über 70.000 Quadratmetern kannst Du verschiedene Paläste, Ruinen, Gärten und Kirchen bewundern. Die gesamte Anlage steht auf der Liste des UNESCO-Weltkulturerbes. Sie besitzt auch einen Eintrag

im Guinnessbuch der Rekorde als die international größte zusammenhängende Burganlage. Einige Bauten hatten ihren Ursprung bereits im 10. Jahrhundert. Viele Gebäude wurden im 14. Jahrhundert umgebaut und dem gotischen Baustil angeschlossen. Die Burg ist von allen Seiten wunderschön anzusehen. Es lohnt sich auch ein Spaziergang rund um die Burg. Dabei hast Du immer das zauberhafte Stadtpanorama vor Augen.

Hradčany, 119 08 Prague 1 / Für den Besuch der Burg solltest Du mindestens drei Stunden kalkulieren.

TROJA-SCHLOSS (TROJSKÝ ZÁMEK)

Der wunderschöne Schlossgarten ist wie ein Park angelegt. Die gesamte Anlage lehnt an die französische und italienische Bauweise an. Der Architekt Jean Baptiste Mathey stammte aus Frankreich und nutze seine Aufenthalte in Italien als Inspiration. Majestätisch führt eine Doppeltreppe vom Gebäude zum Schloss hinauf. Die Gemälde im Inneren stammen von italienischen und flämischen Künstlern. Du wirst vom großen Saal überwältigt sein. Er wirkt wie ein riesiges, nicht endet wollendes Kunstwerk.

U Trojského zámku 4 / 1, 171 00 Praha 7 | kinderfreundlich | Auf Wunsch kann eine Führung in deutscher Sprache organisiert werden

PRAGS FREILUFT-OASEN

ZOO

PRAGER ZOO (ZOOLOGICKÁ ZAHRADA HL. M. PRAHY)

Der Prager Zoo existiert schon seit 1931. Im Laufe der Jahre hat er durch zahlreiche Projekte und Aktionen von sich reden gemacht. Heute ist der Zoo einer der angesehensten Tiergärten in Europa. Zu den Hauptaufgaben des Zoos gehört der Schutz von Tieren. Er ist maßgeblich an der Erhaltung gefährdeter Tierarten und Lebensräume beteiligt. Auf einer Fläche von über 58 Hektar kannst Du 885 verschiedenen Tierarten begegnen. Lass Dich von spielenden Elefanten belustigen oder bestaune, wie die Eisbären gefüttert werden. In der weiträumigen Anlage gibt es an jeder Ecke etwas Neues zu entdecken. Die täglich wechselnden Programme bieten ein bunt gefächertes Angebot für die kleinen und großen Gäste.

U Trojského zámku 120/3, 171 00 Praha 7 | kinderfreundlich | hundefreundlich | Online-Tickets sind günstiger

GÄRTEN & PARKS

STROMOVKA PARK

Der Park ist ein beliebter Treffpunkt für Einheimische und Touristen. Hier kannst Du zahlreichen Freizeitaktivitäten nachgehen. Die ausgedehnten Grünflächen sind der perfekte Platz für ein Picknick und bieten für Kinder viel Raum, um ungestört spielen und toben zu können. Bei sonnigem Wetter findest Du überall unter den mächtigen Bäumen ein schattiges Plätzchen. Zu der Anlage gehören mehrere Spielplätze, eine Skaterbahn und ein Sportplatz. Der Rudolfstollen kann nur innerhalb einer Führung besichtigt werden. Er ist benannt nach dem böhmischen König Rudolf II. Er ließ den Stollen bauen, um das Ufer der Moldau unterirdisch mit dem königlichen Park zu verbinden.

Du solltest für die Anreise zum Park (Haltestelle Výstaviště) die historische Straßenbahn nutzen.

Královská obora, Bubeneč, 170 00 Praha 7 | kinderfreundlich | hundefreundlich

KÖNIGSGARTEN (KRÁLOVSKÁ ZAHRADA)

Der Königsgarten ist die grüne Oase der Stadt und der ideale Rückzugsort, um sich von einem Bummel durch die quirlige Metropole zu erholen. Die Anlage war einst der Renaissancegarten der Könige und wurde in Teilen schon im Jahre 1534 angelegt. Aufgrund der sonnigen Lage an den Hängen der Prager Burg wurde der Garten im Mittelalter als Weinanbaugebiet genutzt. Du genießt eine traumhafte Aussicht auf die tschechische Hauptstadt. Bei einem Spaziergang durch den Garten kannst Du die historische Atmosphäre spüren. Such Dir ein Plätzchen an einem der pittoresken Brunnen und bewundere die geschichtsträchtigen Renaissancegebäude, die einst nur für die Hofgesellschaft zugänglich waren. Die barocke Terrasse ist ein perfektes Fotomotiv. Der Barock ist auch in Form der angelegten Zierblumenbeete noch immer lebendig. Die Dekoration und die Veranstaltungen im Königsgarten sind saisonal angepasst. So ist der Garten zu jeder Jahreszeit einen Besuch wert.

Pražský hrad, Hradčany, 119 08 Praha 1 | kinderfreundlich | Hunde müssen an der Leine geführt werden

VYŠEHRAD-PARK

Der Vyšehrad-Park liegt auf den Hügeln und thront über der Moldau. Die Aussicht von hier oben über die Prager Altstadt ist fantastisch. Im 15. Jahrhundert befanden sich hier die Weinberge und Obstplantagen der Stadt. Folglich liegt der Park auf der Sonnenseite. Schattige Plätze findest Du am Rand der Rasenflächen. Dort befinden sich auch drei Skulpturen des Künstlers Josef Václav Myslbek, die an die tschechischen Fabeln erinnern sollen. Es fällt auf, dass der Park besonders gepflegt wird. Er gehört zur Festung Vyšehrad und ist somit als nationales Kulturdenkmal ausgewiesen. Noch heute gibt es im Park einige Obstbäume. Dahinter befinden sich die Überreste einer romanischen Brücke. Besonders romantisch ist ein Abendspaziergang durch den Park, wenn die Basilika St. Peter und Paul im hellen Lichterglanz erstrahlt.

V Pevnosti 159 / 5b, 128 00 Praha 2-Vyšehrad | kinderfreundlich | hundefreundlich

LETNÁ PARK

Der Letná Park ist der Stadtpark von Prag. Er ist leicht erreichbar, immer geöffnet und punktet mit dem aufregendsten Panorama der Stadt. An manchen Stellen genießt Du einen uneingeschränkten Blick auf die Moldau und die wunderschönen Brücken. Der schönste Teil des Parks liegt zwischen dem Fußballstadion von Sparta Prag und der Skaterbahn. Dieser Teil ist auch historisch von großer Bedeutung, denn hier gab es während der Samtenen Revolution 1989 zahlreichen Massenkundgebungen. Du musst unbedingt in den schönsten Biergarten der Stadt einkehren. Der Letná-Biergarten liegt inmitten von uralten Bäumen, die im Sommer die Tische und Bänke wie blühende Schirme überdachen. Nirgendwo bekommst Du solch eine perfekte Kombination zwischen einem kühlen Bier und einer atemberaubenden Aussicht geboten. Ab dem frühen Abend, wenn die Dämmerung beginnt, ist der Ausblick auf Prag am schönsten.

Letná, 170 00 Prague 7 | kinderfreundlich | hundefreundlich

6. ENTSPANNUNG

CARLO IV. WELLNESS & SPA

Ob eine wohltuende Massage, eine Gesichtsbehandlung mit wertvollen Ölen oder ein reinigendes Körperpeeling-Carlo IV Wellness & Spa bietet ein breit gefächertes Angebot mit allen Annehmlichkeiten. Du kannst auch eine private Yoga-Stunde mit anschließendem Bad im 20 Meter langen und beheiztem Pool buchen oder Dich im hauseigenen Hammam verwöhnen lassen.

Senovážné nám. 991/13, 110 00 Nové Město | Reservierung erforderlich

GRAND RELAX

Die vielen Auszeichnungen sprechen für sich und zeigen auf, warum GRAND RELAX eine der besten Spa- und Wellness-Adressen in Prag ist. Alle Therapeuten haben eine medizinische Ausbildung und sind Könner ihres Handwerkes. Du kannst aus über 30 Massagen auswählen, einen privaten Jet-Service buchen oder Dich mit französischen Kaviar-Kosmetikprodukten von INGRID MILLET verwöhnen lassen.

Hybernska 999/6 110 00, 1 Praha 1 | Reservierung erforderlich

KRYOCENTRUM S.R.O. (POLARIUM)

Für die Tschechen ist Kälte das perfekte und traditionelle Heilmittel gegen viele körperliche Beschwerden. Das Polarium ist eine umgekehrte Sauna, denn hier herrschen Temperaturen zwischen minus 110 und 160 °C. Danach fühlst Du Dich wie neugeboren.

27, Imrychova 984, 143 00 Praha 12

SAUNIA CENTRUM ČERNÝ MOST

Du hast die Qual der Wahl zwischen sechs verschiedenen Saunawelten, die auf über 1.200 Quadratmetern verteilt liegen. Die finnische Sauna ist ein echter Klassiker und lässt Dich bei Temperaturen bis zu 100 °C schwitzen. In der Kräutersauna duftet es angenehm nach ätherischen Ölen und Körper und Geist werden belebt. Alternativ kannst Du auch einfach nur ein Dampfbad nehmen oder die traditionelle Salzsauna nutzen.

Chlumecká 765/6, 190 00 Praha 9-Černý Most

ORIGINAL BEER SPA (ORIGINÁLNÍ PIVNÍ LÁZNĚ)

Das Spa-Konzept ist einzigartig. Schon beim Eintauchen in die handgeschnitzten Eichenholzbadewannen setzt die Entspannung ein. Während Du in den wertvollen und natürlichen Extrakten badest, die eigentlich zur Herstellung des berühmten tschechischen Krušovice Bier verwendet werden, beginnt die Haut mit der Regeneration. Nach einem ausgiebigen Bad ruhen die Gäste sich auf einem Bett aus Weizenstroh am Kaminfeuer aus. Auch kulinarisch wirst Du rundum verwöhnt, mit selbst gemachtem Bierbrot und unbegrenztem Bierkonsum. Das Beer-Spa ist bekannt für seine ausgezeichnete Kundenbetreuung und seine hohen Hygienestandards.

Rybná 3, 110 00 Staré Město | Reservierung erforderlich

BEER AND WINE SPA LAZNE PRAMEN

Das Beer and Wine Spa Lazne Pramen ist ein ganz außergewöhnlicher Ort. Hier badest Du nicht nur in traditionellen Zutaten des Kynšperský Zajíc-Bieres, sondern entspannst in einem Weinbad-Whirlpool, der mit Wasser, Traubenschalen, Weintrauben, Traubenschalen, Weinhefe, Kräuterextrakten und Weinblättern gefüllt ist. Da der Wein auch innerlich heilsam wirken soll, gibt es eine Flasche Weißwein und eine Flasche Rotwein dazu.

Dejvická 255/18, 160 00 Praha 6 | Reservierung erforderlich

BEERLAND (PRVNÍ ZÁMECKÉ PIVNÍ LÁZNĚ PRAHA)

Schon seit 1981 schätzen die Gäste das Beerland First Beer Spa mit seinen originellen Spa-Behandlungen. Du badest in einem Bierbad aus natürlichen Zusätzen, die auf traditionelle Heilpraktiken basieren und nur authentische Elemente verwenden. Die Einrichtung stellt die hohe Handwerkskunst zur Schau, mit böhmischen Glaskunstwerken und handgefertigtem Interieur aus hochwertigen Hölzern.

Nový Svět 3, 118 00 Praha 1-Hradčany | Reservierung erforderlich

BEER SPA BERNARD

Es gibt kein aufwendiges Drumherum. Das Beer Spa Bernard setzt auf Einfachheit und zieht alle Register der Biereigenschaften. Gebadet wird in handgefertigten Bottichen mit Zapfanlage. Wer will, kann zahlreiche kosmetische Behandlungen oder eine Auswahl an Snacks und anderen Getränken dazubuchen. Die gesamte Anlage wurde mit dem „World Luxury Spa Awards" Preis ausgezeichnet und ist im Besitz des Travellers Choice der Online-Plattform TripAdvisor.

Týn 644/10, 110 00 Staré Město | Reservierung erforderlich

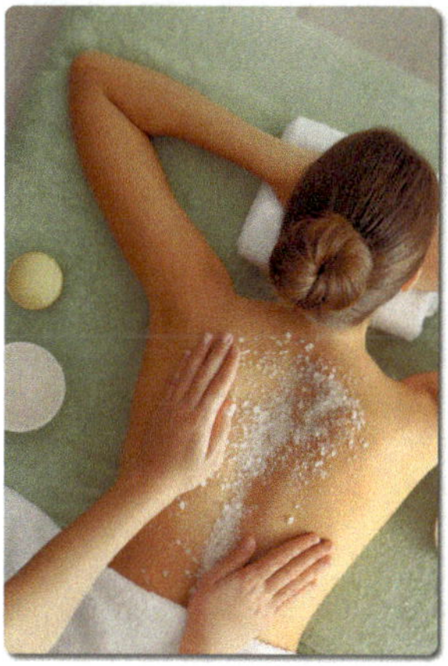

7. ACTION & ABENTEUER

UNDERGROUNDTOUR

Eine Wanderung in den Prager Untergrund ist ein ganz besonders Urlaubserlebnis. Alles erscheint mystisch und geheimnisvoll. Du wanderst durch sagenumwobene Tunnel, dunkle Gänge und mittelalterliche Hallen.

Tour in deutscher Sprache zuzüglich

FAHRRAD-, ROLLER- ODER MOTORRAD-TOUREN

Prag verfügt über ein Radwegenetz von insgesamt 515 Kilometern (Stand Mai 2023) mit steigender Tendenz. In der ganzen Stadt gibt es Fahrradmietstationen. Hier kannst Du Dir günstig und bequem ein Fahrrad ausleihen und an einer beliebigen Station wieder abstellen. Wer über einen entsprechenden Führerschein verfügt, der sich auch einen Roller oder ein Motorrad mieten.

Půjčovna motorek | Dvorská 8/1, 165 00 Praha-Suchdol | Buchung und Bezahlung nur über App

KLETTERN

In Tschechischen ist Klettern ein Volkssport. Obwohl es kaum hohe Berge gibt, kann man hier zahlreiche Klettertechniken ausprobieren. Die tschechische Hauptstadt gilt als das Hauptklettergebiet des Landes. In Prag gibt es eine große Anzahl an Kletterhallen. Zu den besten in der Stadt gehört die Kletterhalle SmíchOff mit Herausforderungen für Anfänger und erfahrene Kletterer. Mit Bus und Bahn kannst Du schnell die Outdoor-Klettergebiete Holý vrch, Hlubočepy und Divoká Šárka erreichen.

Křížová 6, 150 00 Praha 5-Smíchov | Reservierung erforderlich / 252 63 Roztoky / 152 00 Prague 5 / 116 00 Prague 6

WASSERSPORT

In und um Prag herum gibt es Wassersportangebote in Hülle und Fülle. Wie wäre es mit einer gemütlichen Kanu- oder Tretbootfahrt über die Moldau oder einer abenteuerlichen Rafting-Tour. Du liebst Herausforderungen? Dann halte die Balance auf einem Stand-up-Paddelboard und gleite über die Moldau. Alle, die es lieber romantisch lieben, sollten zu einer Segeltour auf der Moldau aufbrechen. Gerade bei Sonnenuntergang zeigt sich Prag von der schonsten Seite.

Slovanský ostrov, 110 00 Praha 1 | Kinderfreundlich / Wassersportzentrum | Vodácká 12, 170 00 Praha 7 – Troja / Yolo Molo | Vltavanů, 147 00 Praha 4 / SP PRAHA | Komunardů 43, 170 00 Praha 7-Holešovice

SCHLITTSCHUHLAUFEN

Während der Wintermonate verwandeln sich einige Prager Plätze in Eisbahnen. Zu den schönsten Bahnen der Stadt gehört die am Žižkov-Turm. Hier gibt es Attraktionen für Kinder und auch für das leibliche Wohl ist gesorgt.

Mahlerovy sady 1, 130 00 Praha 3-Žižkov | Kinderfreundlich

ZORBING

In Prag kann man nicht nur dem klassischen Zorbing nachgehen. Besonders romantisch und der perfekte Spaß für zwei ist Night-Zorbing. Abenteuerlustige Stadtbesucher rollen in der aufblasbaren Kugel über die Prager Gewässer. Zorbing kann nur über Agenturen oder Eventveranstalter gebucht werden.

GEOCACHING

Geocaching hat in Prag Tradition. Neben dem regulären Geocaching über GPS lockt die Stadt auch mit einigen anderen Varianten der Schatzsuche. Besonders beliebt ist der tschechische Briefkasten (N 50°05.GFH E 014°23.IDB) am Hirschgraben in der Nähe der Burg. Hier bekommt man zusätzliche Hinweise und muss verschiedene Rätsel lösen.

HOCHSEILGARTEN

Im Prager Hochseilgarten kannst Du in luftiger Höhe an Deine Grenzen gehen. Du musst schwindelfrei sein, um den Kletterparcours zu bezwingen. Alternativ kannst auch über ein Seil klettern. Hier kommen auch Anfänger voll auf ihre Kosten.

Rubeška 393/7, 190 00 Praha 9 | Kinderfreundlich

8. SHOPPING

PRAHA
Praha

EINKAUFSGEBIETE & GESCHÄFTE

ALTSTÄDTER RING (STAROMĚSTSKÉ NÁMĚSTÍ)

Du suchst noch ein Souvenir für die Daheimgebliebenen oder interessierst Dich für Kunsthandwerk? Dann ist das historische Zentrum von Prag die perfekte Shopping-Adresse für Dich. Die besten und außergewöhnlichsten Souvenirs gibt es im Prague Dolls. Eine fantastische Auswahl an mundgeblasenem und geschliffenem böhmischem Glas findest Du bei Kosta.

Melantrichova 472/12, 110 00 Staré Město / Karlova 152, 110 00 Staré Město

PARISER STRASSE (PAŘÍŽSKÁ ULICE)

Wie der Namen schon vermuten lässt, reihen sich die edlen Modeboutiquen in der Pariser Straße aneinander. Die Pariser Straße ist die exklusive Shoppingmeile in Prag mit Designerläden wie Bottega Veneta *(Pařížská 119)*, wo Du elegante und teure Lederwaren erwerben kannst. Hinter den antiken Fassaden versteckten sich renommierte, internationale Modemarken wie Chanel *(Pařížská 128)*, Gucci *(Pařížská 9)*, Louis Vuitton *(Pařížská 3)* und Dior *(Pařížská 4)*.

SOUVENIRGESCHÄFTE

Ein Souvenirgeschäft findest Du in Prag an jeder Ecke. Besonders empfehlenswert ist der Einkauf im Souvenir Shop. Hier kannst Kühlschrankmagneten T-Shirts und Taschen kaufen, die mit dem Prager Schriftzug oder den Wahrzeichen bedruckt sind. Zu den typischen kulinarischen Mitbringseln gehört der Prager Schinken, den man in allen Metzgereien der Stadt erwerben kann. Du solltest aber auf die Qualitätsunterschiede achten und möglichst nur bei Metzgereien kaufen, die das Fleisch von Bauern aus der Umgebung beziehen.

Králodvorská 667/5, 110 00 Staré Město

PALLADIUM

Das Palladium ist das größte Einkaufzentrum in der Hauptstadt. Es lockt mit einem breit gefächerten Angebot an Modeboutiquen, Juwelieren, Elektronikstores und Haushaltswarengeschäften. Auch kulinarisch hat das Palladium einiges zu bieten. Neben den gängigen Restaurantketten und amerikanischen Fast-Food-Restaurants kannst Du auch verschiedene europäische und asiatische Speisen genießen.

Nám. Republiky 1078/1, 110 00 Petrská čtvrť

WENZELSPLATZ (VÁCLAVSKÉ NÁMĚSTÍ)

Der Wenzelsplatz ist das Herzstück der Stadt und bietet Einkaufsmöglichkeiten für jeden Geldbeutel. Entlang der lang gezogenen Allee kannst Du im Warenangebot der Prager Einzelhändler stöbern oder durch internationale Modegeschäfte wie H&M (Václavské nám. 19) oder Primark (Václavské nám. 47) bummeln. Zu den interessantesten Läden vor Ort gehört Flying Tiger (Václavské nám. 835). Der dänische Händler punktet mit einem nützlichen und oft skurrilen Angebot an Haushaltswaren, Kosmetik, Bastelartikeln und saisonalen Produkten zu unschlagbar günstigen Preisen.

VINOHRADY

Das Stadtviertel Vinohrady beginnt am Ufer der Moldau, nördlich der Vyšehrad-Festung und erstreckt sich bis zum Sokol-Denkmal am Vinohradské hřbitov. Obwohl hier viele trendige Boutiquen liegen, ist die Atmosphäre entspannt. Erstklassige Second-Hand-Bekleidung und gebrauchte Artikel aller Art findest Du im Thrift Store (Budečská 13). Der Vorort ist bekannt für seine Vintage-Shops. Irgendwo in Vinohrady findet immer ein Flohmarkt statt. Der Vinohradský Pavilon (Vinohradská 1200/50) ist ein eigenes Einkaufszentrum, das auf Möbel und Haushaltswaren spezialisiert ist.

NA PŘÍKOPĚ

Direkt am Wenzelsplatz beginnt die Na Příkopě, eine der bekanntesten Shoppingmeilen Prags. Das Angebot wird von Modegeschäften, Juwelieren und Marken- und Designer-Boutiquen dominiert.

ANTIQUITÄTENGESCHÄFTE

Prag ist ein Mekka für Antiquitätensammler. In der ganzen Stadt verteilt findet man Antiquitätenhändler, die mit einem vielfältigen Angebot locken. Eine Auswahl an böhmischen Antiquitäten, Möbeln, Lampen und Schmuck bietet Czech Koruna Antiques Böhmisches Porzellan gehört schon seit Jahrzehnten zum Besten der Welt. Sehr gefragt ist Porzellan mit antikem Zwiebeldekor. Leider werden in vielen Läden auch billige Nachbildungen aus China zu hohen Preisen angeboten. Mit garantiert hochwertigem Porzellan punktet ERPET Crystal, Porcelain, Jewelry.

8, Korunní 717, 120 00 Praha 2 Staroměstské nám. 462/27, 110 00 Staré Město

KUNSTHANDWERKSLÄDEN

Marionetten sind in Tschechien in allen Häusern zu finden. Es gibt moderne Spielmarionetten und welche, die noch aus dem 19. Jahrhundert stammen. Repliken dieser antiken Marionetten kauft man am besten in den Geschäften rund um den Wenzelsplatz. Handgefertigte Marionetten, die nach der traditionellen Handwerkskunst gefertigt werden, kannst Du im Geschäft Czech Marionettes erwerben. Tschechischen hat sich auch einen Namen unter Spielzeugsammlern gemacht. Handgefertigtes Holzspielzeug wird auch in Prag gerne und oft angeboten. Wunderschönes Holzspielzeug und handgemachte Schachspiele gibt es bei Czech Toys.

Old Town, 110 00 Prague 1 / Nerudova 51, 118 00 Malá Strana

FLOHMÄRKTE & VINTAGE SHOPS

FLOHMÄRKTE

Märkte sind in Prag so traditionell wie das Bier. Händler bieten Waren aller Art vor einer historischen Kulisse an. Hier eine Übersicht der schönsten Märkte der Stadt:

BAUERNMARKT (FARMÁŘSKÉ TRŽIŠTĚ NÁPLAVKA)

Jeden Samstag präsentieren Bauern aus der Region ihre lokalen Waren auf dem Bauernmarkt am Ufer der Moldau.

Rašínovo nábřeží Vltavská, Náplavka, 120 00 Praha 2 | 8.00-14.00 Uhr

ALTSTADTMARKT

Der Altstadtmarkt ist besonders während der Sommermonate eine Anlaufstelle für Touristen. Das Angebot wird von typisch tschechischen Produkten und Souvenirs dominiert.

Rytířská 10–12, 110 00 Staré Město

STADTMARKT (HAVELSKÁ TRŽIŠTĚ)

Der Stadtmarkt ist ein idealer Ort, um tschechische Spezialitäten zu probieren. Zum Angebot gehört neben kulinarischen Köstlichkeiten auch landestypische Handwerkskunst.

Havelská 13, 110 00 Staré Město | 7.00-19.00 Uhr, sonntags 8.00 bis 18.30 Uhr

VINTAGE SHOPS

BOHEMIAN RETRO VINTAGE

Der Besuch des Bohemian Retro Vintage ist wie ein Ausflug in eine längst vergessene Zeit. Die Auswahl ist so groß, dass die Ständer unter der Last der Kleidung einknicken. Hüte, Taschen und Schmuck aus allen Epochen schmücken die Wände und Regale.

Chvalova 1202/8, 130 00 Praha 3-Žižkov

THE VINTAGE PRAGUE

The Vintage Prague sich vom üblichen Angebot eines Vintage-Shops ab. Hier kannst Du nur Designer-Kleidung und exklusive Accessoires kaufen. Zu den Topmarken gehören Louis Vuitton, Burberry und Rimowa.

Petrské nám. 1186/1, 110 00 Nové Město

9. NACHTLEBEN

BARS

BALBI BAR

Die Balbi Bar wird gehobenen Ansprüchen gerecht. Das aufmerksame Personal ist immer zur Stelle. Die Atmosphäre ist stilvoll und bei gedämpftem Licht etwas mystisch. Viele Besucher kommen hierher, um bei guter Musik einen Drink zu genießen und später in die Club-Szene der Stadt einzutauchen.

Mikulandská 121/6, 110 00 Nové Město | Preisklasse sehr teuer

HEMINGWAY BAR

Die Hemingway Bar gehört zu den stilvollsten Bars in der Prager Altstadt. Auch die Auswahl an Getränken ist mit über 200 Sorten Rum, Champagner aus aller Welt und limitierte Editionen von Absinth und anderen Likören herausragend. Der Barmixer ist bekannt für seine Cocktail-Kreationen, von denen viele an Hemingway erinnern.

Michalská 432, 110 00 Staré Město | Preisklasse moderat

ANONYMOUS BAR

Zwei Brüder schufen diese ungewöhnliche Bar, die sich von den üblichen Touristen-Treffs absetzt. Beeinflusst von der Anonymus-Denkweise und jahrhundertealte Mythen, ist die Atmosphäre trendiger und die Cocktails raffinierter. Bei elektronischer Musik werden Cocktails mit einer Feuershow serviert.

Michalská 432, 110 00 Staré Město | Preisklasse moderat

U SUDU

Die Bar in der Prager Neustadt ist ein beliebter Treffpunkt für Einheimische aller Altersklassen. In dem rustikalen Kellergewölbe wird an vielen Tagen Live-Musik geboten. Der ehemalige Weinkeller ist auch bekannt für seine spontanen Tischfußballwettbewerbe und das Personal serviert Dir auch morgens um 4.00 Uhr noch eine heiße Suppe oder ein Schweinerippchen mit Senf.

Vodičkova 677/10, 110 00 Nové Město | Preisklasse preisgünstig

LOKÁL U BÍLÉ KUŽELKY

Das Lokál U Bílé kuželky ist eine typische tschechische Bierkneipe. Der Prager Schinken wird hier noch traditionell mit Meerrettich serviert. Die Auswahl an einheimischen Bieren ist groß. Besonders am Abend wird es hier voll.

Míšeňská 12, 110 00 Malá Strana | Preisklasse preisgünstig | Tischreservierung ist erforderlich

PARLOUR

Die eigentliche Attraktion im Parlour ist der Barkeeper, der jeden Cocktail aus dem Stegreif mixen kann und immer zu einem netten Gespräch aufgelegt ist. Die Bar ist von außen kaum zu finden und benötigt auch gar keine Werbung. Sie hat sich längst etabliert und ist für viele Hauptstädter eine der besten Bars der Stadt. Die Atmosphäre erinnert an ein kleines Kellertheater oder eine Kleinkunstbühne. Hier kannst Du einfach nur in Ruhe bei gedimmten Licht und leiser Musik einen Drink genießen.

Czech Republic, Krakovská 15, 110 00 Nové Město | Preisklasse moderat

CLUBS

KARLOVY LAZNE

Der Club in der Altstadt spricht ein breites Publikum an. Er ist der größte Club in Mitteleuropa und erstreckt sich über fünf Etagen mit unterschiedlichen Musikrichtungen. Das Highlight ist die Ice-Bar. Bei einer konstanten Temperatur von minus 7 °C sind hier sogar die Sitzmöglichkeiten und die Gläser aus Eis.

Novotného lávka 198/13, 110 00 Staré Město | Preisklasse teuer

ROXY

Der angesagte Club in der Altstadt ist eine Art große Showbühne. Bekannte tschechische Musiker geben sich hier ein Stelldichein und feuern das Publikum mit Live-Acts an. Trotz des vielfältigen Bühnenprogramms herrscht im Roxy immer eine entspannte Atmosphäre.

LUCERNA MUSIC BAR

Die Lucerna Music Bar nennt sich selbst Event-Bar, und diese Bezeichnung darf man ernst nehmen. Ohne Live-Musik geht auf der Tanzfläche gar nichts. Die Musik ist so unterschiedlich wie das Publikum. Der Retro-Charme ist gewollt und zieht auch das ältere Publikum an.

DUPLEX

Duplex ist der Nachtclub für das gehobene Publikum. Nach dem Tanzen zieht man sich zur Entspannung auf die Terrassen-Bar zurück. Üblicherweise genießt man dabei eine Flasche Moët & Chandon oder Veuve Clicquot. Auf Wunsch kann man auch direkt einen VIP-Bereich mit Betreuung und exklusiven Getränkeangebot buchen.

10. KARTEN

160
180
200
220
140
100
80
60
S
SE
E
O
NO
N

Letenska plan
Königlicher Garten
2 Mariánské hradby
Chotkova
Pálffyovská zahrada
Klárov
Letenská
Mánesův most
Nerudova
Úvoz
Petrínské sady
Újezd
Vítězná
Holečkova
Zborovská
Janáčkovo nábř.
Kampa-Park
Karlův most
Moldau
Parque de Aventuras
Most Legií
Jiráskův most
Čechův most
nábř. E. Beneše
Dvořákovo nábř.
17. listopadu
Křižovnická
Smetanovo nábř.
Masarykovo nábř.
Národní
Resslova
Karlovo nám.
Štefánikův most
Revoluční
nábř. L. Svobody
Klimentská
Celetná
Na Příkopě
Hybernská
Lipová
Žitná
Ječná
Vrchlického sady
Wilsonova
Hlávkův most
Ke Štvanici
Rohanské nábř.
Křižíkova
Pernerova
Husitská
Seifertova
Italská
Riegrovy sady
Ondříčkova
Vinohradská
Anglická
Náměstí Míru
Park na náměstí Jiřího z Poděbrad
Sady Svatopluka Čecha
Slezská

Cafés

1 | Garden Café Taussig
Vlašská 25, 118 00 Praha 1

2 | Café Designum
Nerudova 27, 118 00 Malá Strana

3 | Café Club MÍŠEŇSKÁ
Míšeňská 71/3, 118 00 Malá Strana

4 | Café Slavia
Smetanovo nábř. 1012 /2, 110 00 Staré Město

5 | Donuterie
Náprstkova 215, 110 00 Staré Město

6 | Choco Café
Liliová 250/4, 110 00 Staré Město

7 | Liberica Cafe Valentinska
Valentinská 10/20, 110 00 Josefov

8 | Gedenk-Café Karel
39, Dlouhá 727, Staré Město, 110 00

9 | Mezi Srnky
Sázavská 19, 120 00 Praha 2-Vinohrady

10 | Bistro Mezi Řádky
Pobřežní 21, 186 00 Karlín

11 | Muj Salek Kavy
Křižíkova 386/105, 186 00 Praha 8-Karlín

Bars

1 | Lokál U Bílé kuželky
Míšeňská 12, 110 00 Malá Strana

2 | Hemingway Bar
Karoliny Světlé 26, 110 00 Staré Město

3 | Balbi bar
Mikulandska 121/6, 110 00 Nove Mesto

4 | Anonymous Bar
Michalská 432, 110 00 Staré Město

5 | U Sudu Wine Bar
Vodičkova 677/10, 110 00 Nová Město

6 | Parlour
Czech Republic, Krakovská 15, 110 00 Nové Město

Clubs

1 | Karlovy lázně
Novotného lávka 198/13, 110 00 Staré Město

2 | Lucerna Music Bar
Vodičkova 36, 110 00 Nové Město

3 | Roxy Prague
Dlouhá 33, 110 00 Staré Město

4 | Duplex
Václavské nám. 21, 110 00 Nové Město

Restaurants

1 | Aquarius Restaurant
Tržiště 19/303, 118 00 Malá Strana

2 | Terasa U Zlate studne
U Zlaté studně 166 /4, 118 00 Malá Strana

3 | Tschechisch-slowakisches Restaurant
20, Újezd 423, Malá Strana, 118 00 Praha 1

4 | Private Dining
Nebovidská 459/1, 118 00 Malá Strana

5 | U Modré Kachničky
Nebovidská 460/6, 118 00 Malá Strana

6 | Restaurant Pod Vezi
Mostecká 58/2, 118 00 Malá Strana

7 | V Zátiší
Liliová 1, Liliová 216, Staré Město, 110 00 Praha 1

8 | George Prime Steak
19, Platnéřská 111, Staré Město, 110 00 Praha 1

9 | „W" Restaurant
Maiselova 14/1, 110 00 Josefov

10 | U Modré Kachničky II
Michalská 16, 110 00 Staré Město

11 | Divinis
Týnská 21, 110 00 Staré Město, Tschechien

12 | Naše maso
Dlouhá 727/39, 110 00 Staré Město

13 | Kantýna
Politických vězňů 1511/5, 110 00 Nové Město

14 | Restaurant Zvonice
Jindřišská 33, 110 00 věž-Nové Město

15 | Le Grill Restaurant
12, Hybernská 1002, Nové Město, 110 00 Praha 1

Kulinarische Angebote

1 | La Degustation Bohême Bourgeoise
Haštalská 18, 110 00 Staré Město

2 | Lokál Dlouhááá
Dlouhá 33, 110 00 Staré Město

3 | Kolkovna Celnice
V Celnici 1031/4, 110 00 Nové Město

4 | Lokál Hamburk
Sokolovská 55, 186 00 Karlín

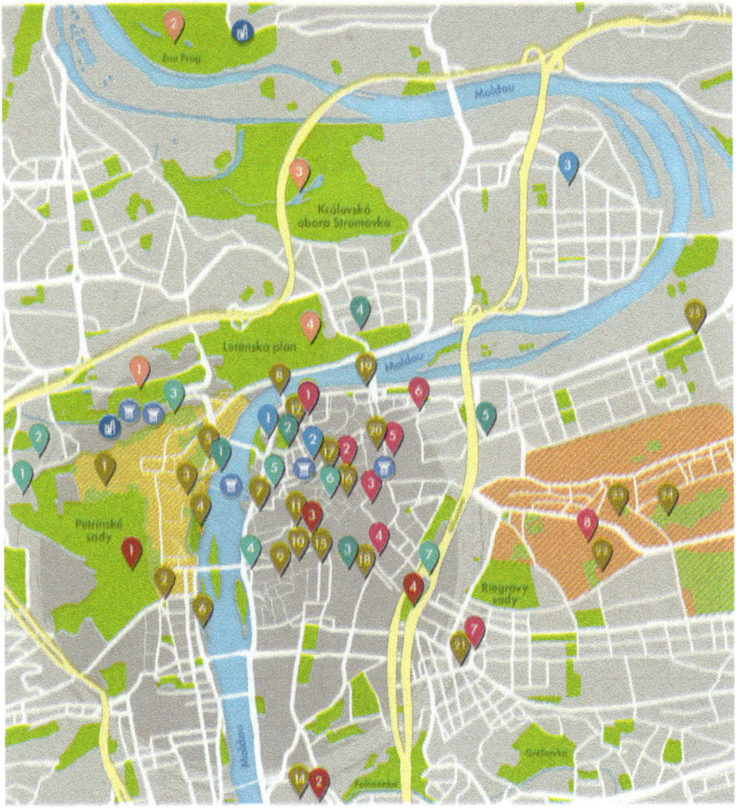

Shopping

1 | Parizska Street
Pařížská 24-28, 110 00 Staré Město

2 | Altstädter Ring
Staroměstské nám., 110 00 Josefov

3 | Na Příkopě
110 00 Praha 1

4 | Wenzelsplatz
Prager Neustadt, 110 00 Praha 1

5 | Palladium
Nám. Republiky 1078/1, 110 00 Petrská čtvrť

6 | The Vintage Prague
Petrské nám. 1186/1, 110 00 Nové Město

7 | Vinohrady
120 00 Praha 2

8 | Bohemian Retro
Chvalova 1202/8, 130 00 Praha 3-Žižkov

Kulturelle Einrichtungen

1 | Strahov Bibliothek
Strahovské nádvoří 132/1, Hradčany, 118 00 Praha 1

2 | Černín Palace
Loretánské nám. 5, 118 00 Praha

3 | Lobkowicz-Palais
Jiřská 3, 119 00 Praha 1

4 | Národní divadlo
Národní 2, Nové Město, 110 00 Praha 1

5 | Clementinum
Mariánské nám. 5, Staré Město, 110 00

6 | Ständetheater
Železná, 110 00 Praha 1

7 | Státní opera Praha
Wilsonova 4, 110 00 Praha 1

Museen

1 | Kafka Museum
Cihelná 635, Malá Strana, 118 00 Praha 1

2 | Jüdisches Museum in Prag
Maiselova, Prager Altstadt

3 | Museum der phantastischen Illusionen
Vodičkova 31, 110 00 Nové Město

4 | Technisches Nationalmuseum in Prag
Kostelní 1320/42, 170 00 Praha 7-Letná

5 | Stadtmuseum Prag
Na Poříčí 1554/52, 180 00 Nové Město

Galerien

1 | Rudolfinum
Alšovo nábř. 79/12, 110 00 Staré Město

2 | Nationalgalerie Prag
Staroměstské nám. 1, 110 15 Staré Město

3 | DOX – Zentrum für zeitgenössische Kunst
Poupětova 1, 170 00 Praha 7-Holešovice

Freiluftoasen

1 | Königlicher Garten
Pražský hrad, Hradčany, 119 08 Praha 1

2 | Zoo Prag
U Trojského zámku 120/3, 171 00 Praha 7

3 | Královská obora Stromovka
Královská obora, Bubeneč, 170 00 Praha 7

4 | Letna Park
Letná, 170 00 Praha 7

Familientipps

1 | Petřín Gardens
Petřínské sady, 118 00 Praha 1-Malá Strana

2 | Vyšehrad
V Pevnosti 159/5b, 128 00 Praha 2-Vyšehrad

3 | Lego Museum
Národní 362/31, 110 00 Staré Město

4 | Nationalmuseum
Václavské nám. 68, 110 00 Nové Město

Insidertipps

1 | Skulptur „Quo vadis" im Garten der Deutschen Botschaft
Vlašská 347, 118 00 Malá Strana

2 | Tank Chassis by David Černý
nám. Kinských 150 00, 150 00 Praha 5-Smíchov

3 | John Lennon Wall
Velkopřevorské nám., 118 00 Malá Strana

4 | Krabbelnde Babies von David Černý
Isla Kampa, 118 00 Malá Strana

5 | Piss sculprure (Golden Shower)
Cihelná, 118 00 Malá Strana

6 | Jazz Dock
Janáčkovo nábř. 3249/2, 150 00 Praha 5-Smíchov

7 | Embryo
Anenské nám. 209, 110 00 Staré Město

8 | Tschech Brücke
110 00 Praha 1

9 | Deymův palác
Voršilská 130/10, 110 00 Nové Město

10 | Reduta Jazz Club
Národní 116, 110 00 Nové Město

11 | Sigmund Freud hängende Figur
Husova, 110 00 Staré Město, Tschechien

12 | Parizska Street
Pařížská 24-28, 110 00 Staré Město

13 | Jüdisches Viertel
Pařížská 24-28, 110 00 Staré Město

14 | Vyšehrader Friedhof
K Rotundě, Vyšehrad, 128 00 Praha 2

15 | Franz Kafka - Rotating Head
Charvátova, 110 00 Nové Město

16 | AghaRTA Jazz Club
Železná 16, 100 00 Staré Město

17 | Altstädter Ring
Staroměstské nám., 110 00 Josefov

18 | Sculpture david cerny Kun
Štěpánská 629/39, 110 00 Nové Město

19 | Jazz Boat
Na Františku Gate 18, 110 00 Staré Město

20 | RETRO MUZEUM PRAHA
Náměstí Republiky 8, 110 00 Staré Město

21 | Vinohrady
120 00 Praha 2

22 | Prager Fernsehturm
Mahlerovy sady 1, 130 00 Praha 3-Žižkov

23 | Žižkov
130 00 Praha 3

24 | Nuclear Bunker
Žižkov, 130 00 Praha 3

25 | Lilith
Invalidovna, 180 00 Praha 8

11. TSCHECHISCH – DAS WICHTIGSTE

Aufzeichnungen über den Gebrauch der tschechischen Sprache gab es bereits im 10. Jahrhundert. Sprachforscher gehen davon aus, dass Tschechisch aus der urslawischen Sprache heraus gebildete wurde. Bis heute wird die tschechische Sprache den slawischen Sprachen zugeordnet und weltweit von knapp 12 Millionen Menschen gesprochen. Im Gegensatz zu den anderen Sprachen der slawischen Herkunft verwendet die tschechische Sprache nicht das kyrillische, sondern das lateinische Alphabet. Im Sprachgebrauch liegt die Betonung immer auf der ersten Silbe.

1. BEGRÜẞUNG & VORSTELLUNG

Guten Morgen! - Dobré ráno!
Guten Tag! - Dobrý den!
Guten Abend! - Dobrý večer!
Gute Nacht! - Dobrou noc
Tschüss - Ahoj!
Hallo - Ahoj!

Ich heiße - Jmenuji se
Ich komme aus Deutschland - Jsem Německo

Wie geht´s Ihnen? - Jak se máte?
Wie geht´s dir? - Jak se máš?
Ich spreche kein Tschechisch - Nemluvím česky
Sprechen Sie Deutsch, Englisch? - Mluvíte německy, anglicky?
Spricht hier jemand Englisch? - Mluví tady někdo Anglicky?

2. BESTELLUNG IN RESTAURANTS

Kann ich bitte die Speisekarte haben? - Dáte mi jídelní lístek?

Ich nehme... / Ich hätte gerne... - Chtěl bych......
Ein Menü, bitte! - Jedno menu, prosím!
Was empfehlen Sie? - Co doporučuješ ?
Ich bin Vegetarier - Jsemvegetarián a nejím maso

Guten Appetit! - Dobrou chuť!
Prost! - Zdraví !
Es war hervorragend! - Je to vynikající !

Die Rechnung bitte! - Přídavek prosím!
Zahlen bitte! - Zaplatíme!
Ich zahle! - Platím!

3. EINKAUFEN IN GESCHÄFTEN

Wie viel kostet es? - Kolik to stojí ?
Ich interessiere mich für... - Mám zájem o..
Es ist zu teuer! - Je to příliš drahé !
Können Sie den Preis senken? - Můžeš snížit cenu ?
Können Sie mir bitte helfen? - Můžete mi prosím pomoct?
Ich möchte dies gerne kaufen - Chtěl bych koupit to !
Es gefällt mir! / Es gefällt mir nicht! - Zbožňuji/ Nesnáším
Das ist ein guter Preis! - Není to drahé!
Ich schaue nur! - Jen se dívám
Geld - Peníze
Eins - jeden
Zwei - dva
Drei - tři
Vier - čtyři
Fünf - pět
Sechs - šest
Sieben - sedm
Acht - osm
Neun - devět
Zehn - deset

4. NUTZUNG DES ÖFFENTLICHEN VERKEHRS

Taxi - Taxi
Zug / Bahn / S-Bahn - Vlak
U-Bahn - Metro
Bus - Autobus
Bus Fahrplan - Autobusový jízdní řád
Eine Fahrkarte für die U-Bahn, bitte! - Jednu jízdenku na metro, prosím!
Was kostet eine Fahrkarte nach....? - Kolik stojí lístek...?
Wohin fährt dieser Zug? - Kam jede tento vlak, prosím?
Ist hier noch ein Platz frei? - Je tady volné místo?

5. HÖFLICHKEITSFORMEN

Danke! - Děkuji!
Bitte! - Prosím!
Ja - Ano
Nein - Ne
Entschuldigung - Promiňte
Es tut mir leid. - To mě mrzí.
Hilfe! - Pomoc!
Auf Wiedersehen! - Na shledanou!

SCHLUSSWORT

Der heilige Johannes von Nepomuk verliebte sich schon im 14. Jahrhundert in Prag und fand seine letzte Ruhe in der Moldau. Einstein war begeistert von der Herzlichkeit der Prager und liebte es, mit ihnen in einen offenen Dialog zu gehen. Die tschechische Hauptstadt war schon immer ein Ort, der Menschen faszinierte und sie magisch anzog. Schuld daran war auch Jaroslav Hašek. Seine Geschichten über den braven Soldaten Schwejk schafften es sogar ins deutsche Fernsehen. Obwohl Hašek unter der Wintermelancholie litt, gelang es ihm, mit Schwejk den böhmischen Humor in die Welt hinauszutragen. Die Idee zu Schwejk entstand in einer Bierkneipe und nur hier schrieb Hašek. Auch Bedřich Smetana hätte all seine musikalischen Meisterwerke ohne Prag nie geschaffen. Prag gab ihm Inspiration und er prägte damit die tschechische Musik. Wer von der Karlsbrücke hinab auf die Moldau schaut, der versteht, warum die gleichnamige sinfonische Dichtung nur hier in Prag entstehen konnte.

AUF EIN WIEDERSEHEN IN PRAG

Prag wird Dich genauso sprachlos, bewegend, freudig und nachdenklich zurücklassen wie all die Dichter und Denker zuvor. Du wirst wieder kommen in die Stadt an der Moldau. Es ist egal, ob Du auf Kafkas Spuren wanderst oder auf dem Königsweg unterwegs bist. Diese Reise wird unvergesslich bleiben, denn Prag ist ein Urlaubsziel mit Mehrwert. Du wirst den Rausch des Prager Nachtlebens zu spüren bekommen und Dich noch lange an das frisch gezapfte Urquell in einer der Bierkneipen erinnern. Es ist auch der Anblick der architektonischen Meisterwerke, den Du mitnimmst und all die historischen Plätze, an denen Du die tschechische und die europäische Geschichte hautnah erlebt hast. Prag ist keine Stadt, die man nur einmal besucht. Nach Prag kehrt man immer wieder gerne zurück. Wer glaubt, in Prag schon alles gesehen zu haben, wird schnell eines Besseren belehrt. In Prag gibt es immer wieder etwas Neues zu entdecken und immer wieder passiert irgendwo etwas von historischem oder kulturellem Wert. Prag schreibt immer Geschichte und macht die Vergangenheit wieder lebendig.

BEWERTUNG

Liebe Leserin, lieber Leser,

Wir sind ein leidenschaftliches, junges Team, das mit großer Hingabe an diesem Reiseführer-Projekt gearbeitet hat, um dir die besten Reiseerlebnisse zu bieten. Deine Meinung und deine Bewertung sind uns äußerst wichtig, denn sie helfen uns, uns in der Reiseführer-Branche zu etablieren und unseren Platz auf dem Markt zu festigen.

Wir möchten dich herzlich dazu einladen, uns dein wertvolles Feedback zu geben. Jede Bewertung, sei sie positiv oder konstruktiv-kritisch, ist für uns von unschätzbarem Wert. Indem du deine Gedanken und Eindrücke mit uns teilst, ermöglicht es uns, unseren Reiseführer kontinuierlich zu verbessern und dir noch bessere Empfehlungen zu bieten.

Dein Feedback hat direkten Einfluss darauf, wie wir unseren Service gestalten und uns weiterentwickeln. Es ermutigt uns, unser Bestes zu geben, um sicherzustellen, dass deine Bedürfnisse und Erwartungen erfüllt werden.

Nimm dir bitte einen Moment Zeit, um deine Bewertung abzugeben. Deine Meinung ist von großer Bedeutung und hilft uns dabei, unseren Reiseführer noch ansprechender und informativer zu gestalten. Wir sind gespannt darauf, von dir zu hören, und möchten uns bereits im Voraus für deine wertvolle Unterstützung bedanken.

Gemeinsam können wir die besten Reiseerlebnisse für dich schaffen. Vielen Dank für dein Vertrauen und deine Teilnahme!

Viel Spaß beim Erkunden der zauberhaften Stadt Prag.

ÜBER DIE AUTORIN

Jana Nováková ist eine passionierte Schriftstellerin, die ihre Leidenschaft für das Schreiben früh entdeckte. Sie hat im Laufe der Zeit eine tiefe Leidenschaft für Politik, Geschichte und Reisen entwickelt. Durch ihr fortwährendes Interesse und ihre aktive Auseinandersetzung mit diesen Themen hat sie nicht nur ihr Wissen vertieft, sondern sich auch in diesen Bereichen weiterentfaltet. Mit großer Begeisterung reiste sie im Laufe vieler Jahre um die Welt und lebte in verschiedenen Ländern. Diese einzigartigen Erfahrungen nutzt sie, um die faszinierende Vielfalt der Reisewelt näherzubringen.

STICHWORTVERZEICHNIS

HAFTUNGSAUSCHLUSS

Die Global Consulting Schweiz GmbH übernimmt keine Gewähr für die Aktualität, Richtigkeit, Vollständigkeit oder Qualität der bereitgestellten Informationen in diesem Reiseführer. Wir haften nicht für Schäden materieller oder immaterieller Art, die durch die Nutzung oder Nichtnutzung der Informationen oder durch die Nutzung fehlerhafter und unvollständiger Informationen verursacht wurden. Alle Angebote sind freibleibend und unverbindlich. Die Global Consulting Schweiz GmbH behält sich ausdrücklich vor, Teile der Seiten oder das gesamte Angebot ohne gesonderte Ankündigung zu verändern, zu ergänzen, zu löschen oder die Veröffentlichung zeitweise oder endgültig einzustellen.

In diesem Reiseführer werden Karten und geografische Informationen bereitgestellt, die den De-facto-Stand widerspiegeln. Bitte beachten Sie, dass diese Darstellungen von der aktuellen völkerrechtlichen Lage abweichen können. Die Karten dienen lediglich zur Orientierung und stellen keine politische oder rechtliche Wertung dar. Die Global Consulting Schweiz GmbH übernimmt keine Gewähr für die Aktualität oder Richtigkeit der geografischen Informationen und haftet nicht für etwaige Abweichungen oder Fehler. Wir empfehlen Ihnen, sich über die aktuellen politischen und rechtlichen Gegebenheiten in den jeweiligen Reisezielen zu informieren.

IMPRESSUM

Global Consulting Schweiz GmbH
Hauptstrasse 36, 4415 Lausen
Schweiz

ISBN
Taschenbuch - 978-3-9525881-0-9
Ebook - 978-3-9525881-1-6

Der Pseudonym Jana Nováková
wird vertreten durch
Global Consulting Schweiz GmbH

Jahr der Veröffentlichung
2023

Verantwortlich für den Druck
Amazon Distribution GmbH Leipzig

Covergestaltung & Buchsatz
Denise Gahn | denisegahn.com

Gerne können Sie uns bei Rückfragen und Anregungen unter:
info@globeguidepublishing.com kontaktieren

Printed in Poland
by Amazon Fulfillment
Poland Sp. z o.o., Wrocław

23858687R10060